lehmanns media

Christel Manske

Inklusiver Mathematikunterricht

Für Kinder mit Down-Syndrom, Dyskalkulie und Mathefreaks

Liudmila Obuchova gewidmet

lehmanns media

Bibliografische Information der Deutschen Nationalbibliothek
Die Deutsche Nationalbibliothek verzeichnet diese Publikation in der Deutschen Nationalbibliografie; detaillierte bibliografische Angaben sind im Internet unter http://dnb.ddb.de abrufbar.

Helmholtzstraße 2-9
10587 Berlin

Layout und Umschlaggestaltung: Jasmin Plawicki
Druck und Bindung: elanders • Waiblingen

ISBN 978-3-86541-937-8

www.lehmanns.de

Inhalt

Vorwort 7

Mathe in der Jäger- und SammlerInnen-Gesellschaft 10

- Reversion 14
- Werkzeuggebrauch 28
- Klassifikation 32
- Das geteilt ÷ Zeichen 56
- Das mal · Zeichen 62
- Essen 66
- Seriation 70
- Zählen ohne Zahlbegriff beim Spielen bis 5 86

Mathe in der Tauschgesellschaft 88

- Das Zeichen für mehr >, gleich =, weniger < 92
- Tauschen 112
- Zählen ohne Zahlbegriff beim Symbolisieren bis 5 119
- Das weg - Zeichen 129
- Das und + Zeichen 138
- Invarianz 143

Mathe in der Geldgesellschaft **150**

Die Entdeckung der Eins 160

Aktualgenetische Mathekarten 170

Stückzahl 174

Multiplikation 224

Division 238

Subtraktion 252

Addition 270

Einkaufen, Bezahlen 289

Die Entdeckung des Zehners 295

Mengen zerlegen 300

Aufbau des inklusiven Mathebuchs 307

Praxis-Team 311

Literatur zum Zahlbegriff 312

Vorwort

Aus gemeinsam geteiltem Empfinden wird Mitgefühl.

Aus gemeinsam geteiltem Erleben wird Selbsterfahrung.

Aus gemeinsam geteiltem Erinnern wird Gedenken.

Aus gemeinsam geteiltem Verstehen wird Vernunft.

Mathe macht glücklich.

Christel Manske

Rothörnchen und Grauhörnchen wollen Mathe lernen.

Herr Weißhörnchen sagt:

„Unsere Ururgroßeltern kannten keine Zahlen.
Um zu überleben, stellten sie Werkzeuge her.

Mathe bedeutete für sie Werkzeuggebrauch und die Nahrung zu verteilen.“

Mathe

in der Jäger- und Sammler-Innen-Gesellschaft

Unsere Urgroßväter waren Jäger.

Sie ernährten sich von dem Fleisch der Mammuts.

Sie bauten Fallen. Sie erlegten sie mit Speeren und Lanzen. Sie zerteilten die Beute mit einem Steinmesser oder Faustkeil.

Sie verteilten die Beute so, dass alle satt wurden.

Unsere Ururgroßmütter waren Sammlerinnen.

Sie sammelten Früchte, Nüsse, Samen und Kräuter.

Sie mahlten die Getreidekörner mit Mahlsteinen.

Sie knackten die Nüsse mit zwei Steinen.

Reversion
hin und her tun

Foto: Katja Rohland

Foto: Katja Rohland

Paul, Rothörnchen und Grauhörnchen sammeln Nüsse, Eicheln, Bucheckern, Kastanien und Tannenzapfen.

Sie schütten alle Früchte aus.

Dann sammeln sie sie wieder ein.

Finn und Samaa schütten hin und her.

Die Nüsse dürfen kopiert, ausgeschnitten und in den Korb geklebt werden.

Lena klebt alle Nüsse in den Korb.

Laurenz schiebt die ausgeschnittenen Nüsse in das Foto vom Glas hin und her.

Rothörnchen und Grauhörnchen schieben die Nüsse weg vom Gras in den Korb.

Sie zeichnen den Weg als Linie nach.

Rothörnchen und Grauhörnchen malen die Früchte von einem Glas in das andere.

Male die Früchte von einem Glas in das andere.

vorher nachher

Die Hausaufgaben für die Kinder:

Die Kinder sammeln verschiedene Früchte.

Die Kinder schütten Früchte und Saft hin und her.

Die Kinder zeichnen den Weg der Frucht von einem Glas in das andere Glas nach.

Sie malen die Früchte von einem Glas in das andere Glas an.

Sie heften die Arbeitsblätter in die Mathemappe.

Male die Früchte von einem Glas in das andere.

vorher nachher

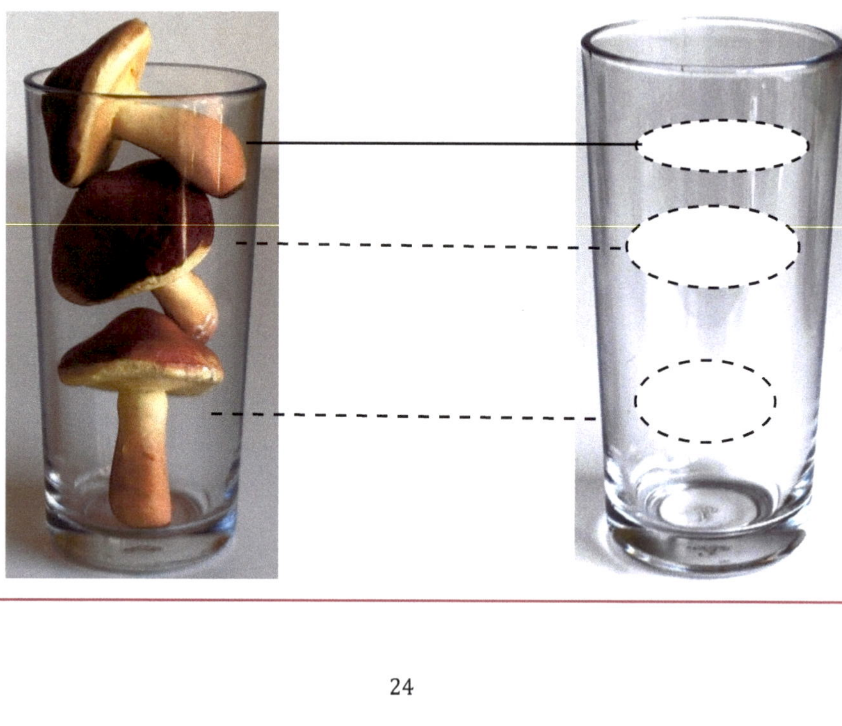

Male die Früchte von einem Glas in das andere.

Micki schüttet die Äpfel hin und her.

Male die Früchte von einem Glas in das andere.

Werkzeuggebrauch

knacken

Der Nussknackerkönig knackt die Walnüsse und die Erdnüsse.

Das weiße Metallhörnchen knackt die harten Paranüsse und Haselnüsse.

Lena und Sofia knacken die harte Haselnuss.

Knack, knack, knack. Geschafft.

Weißhörnchen gibt den Kindern Hausaufgaben auf:

Die Kinder lernen mit verschiedenen Werkzeugen wie z.B. Hammer, Schere, Schwamm, Besen, Stifte, Bohrer, Messer zu arbeiten.
Sie sind nun Handwerker.

Bei der Professorin für Entwicklungspsychologie an der Lomonossow-Universität Moskau, Liudmila Obuchova, musste Malte eine Glaskugel aus einem Wassereimer fischen. Welches Werkzeug war geeignet: Die Zange, der Löffel, die Kelle, die Harke, die Gabel?

Sie singen und spielen das Lied:

„Wer will fleißige Handwerker seh'n,
der muss zu uns Kindern gehen."

Koch

Schuster

Maler

Schneider

Klassifikation

sortieren

Foto: Katja Rohland

Paul sortiert die Früchte, die er im Wald gefunden hat.

Weißhörnchen und Rothörnchen sortieren die verschiedenen Nüsse.

Form Farbe Größe

Paul sortiert Bestecke und Klötze nach Farbe, Form und Größe.

Grauhörnchen und Rothörnchen knacken die Haselnüsse, Walnüsse, Erdnüsse, Pekannüsse, Mandeln und Bucheckern.

Dann legen sie die Kerne unter die ganzen Nüsse.

Form

Pablo hat gelernt die geometrischen Figuren nach der Form zu sortieren.

Er macht alles richtig.

Form

Rothörnchen und Grauhörnchen bekommen die Aufgabe, die geometrischen Figuren nach der Form zu sortieren.

Farbe

Die Kinder lernen geometrische Figuren nach der Farbe zu sortieren.

Farbe Form

Die Kinder lernen nach Form und Farbe zu sortieren.

Was gehört dazu?

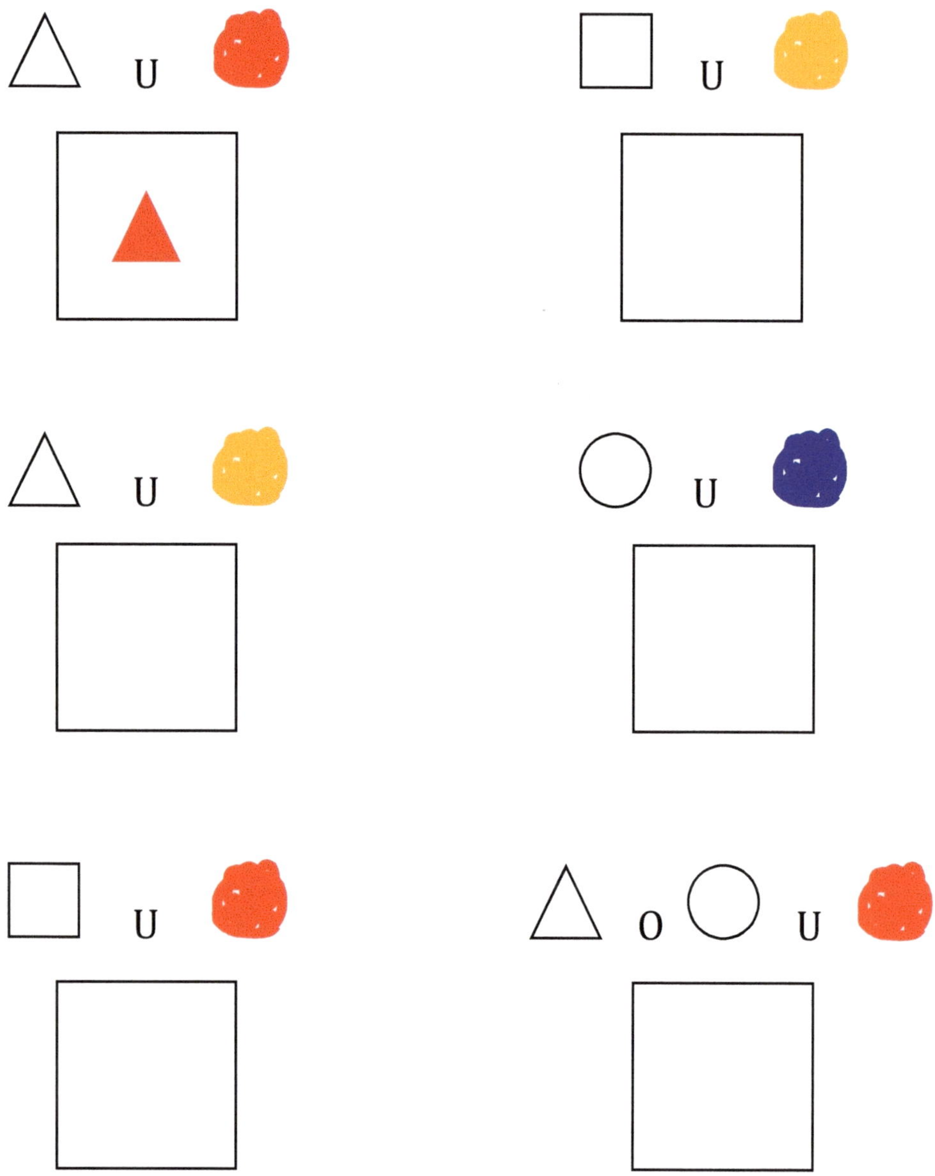

Kopiere und schneide die geometrischen Formen aus und klebe sie in die Arbeitsblätter.

Was gehört dazu?

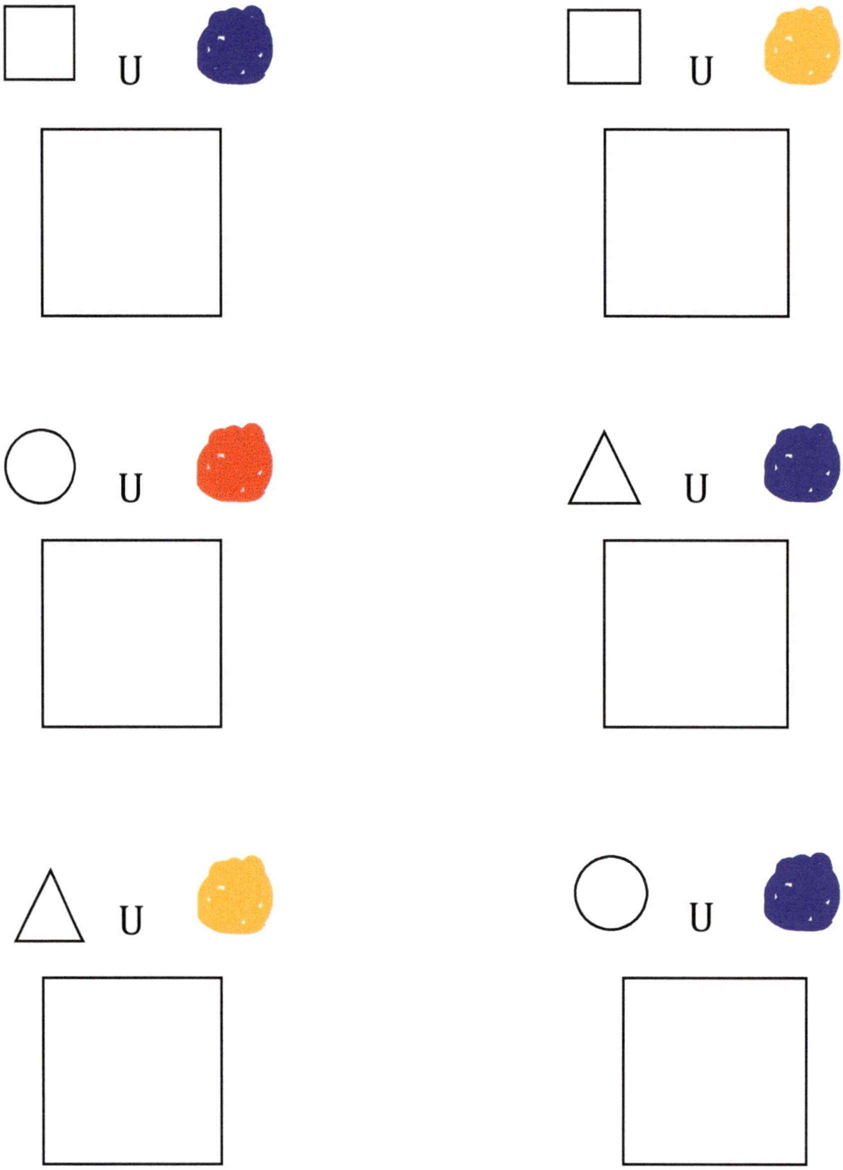

Kopiere und schneide die geometrischen Formen aus und klebe sie in die Arbeitsblätter.

Begriffsbildung nach L. S.Vygotskij

Die Lehrer bekommen die Aufgabe, mit den Schülern die 25 Klötze nach 4 Kategorien zu sortieren.

Der Begriff Farbe ergibt 5 Kategorien.

Der Begriff Form ergibt 6 Kategorien.

Der Begriff Größe ergibt 2 Kategorien.

Aha! Es sind die Begriffe Höhe und Größe.

Farbe

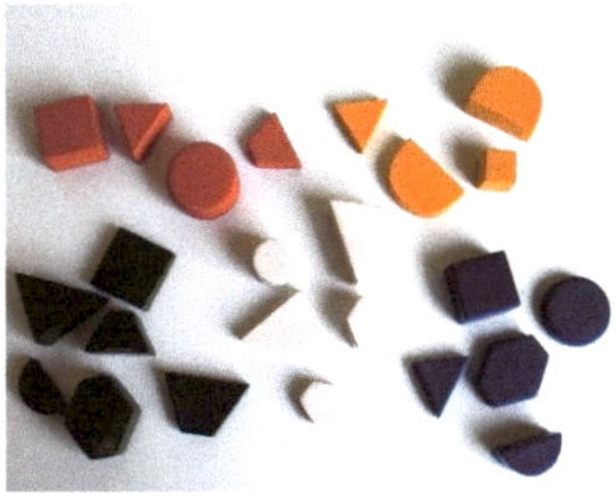

Form

Größe

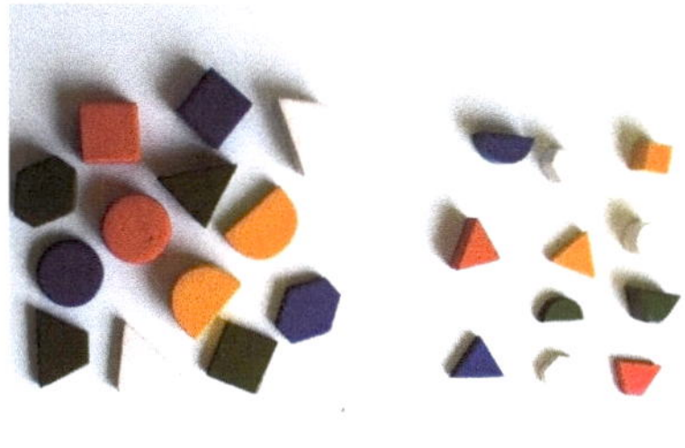

Höhe und Größe

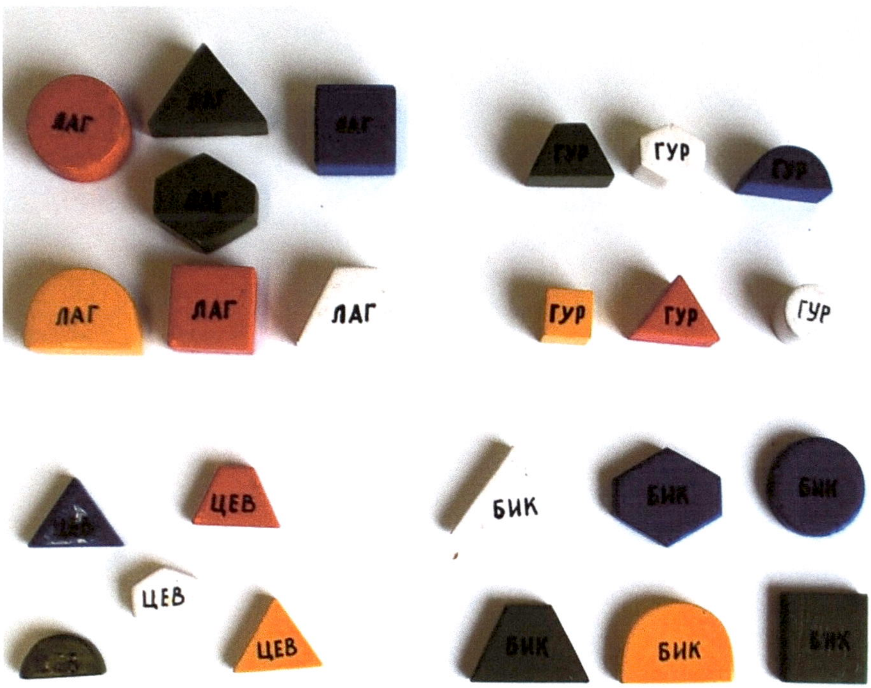

Oberbegriffe

Laurenz sortiert Wildtiere und Haustiere.

Finde die wilden Tiere.

Oberbegriffe

Pablo sortiert Wildtiere und Haustiere.

Finde die Haustiere.

Oberbegriffe

Samaa sortiert Obst.

Dann malt sie nur das Obst auf den Teller.

Obstteller

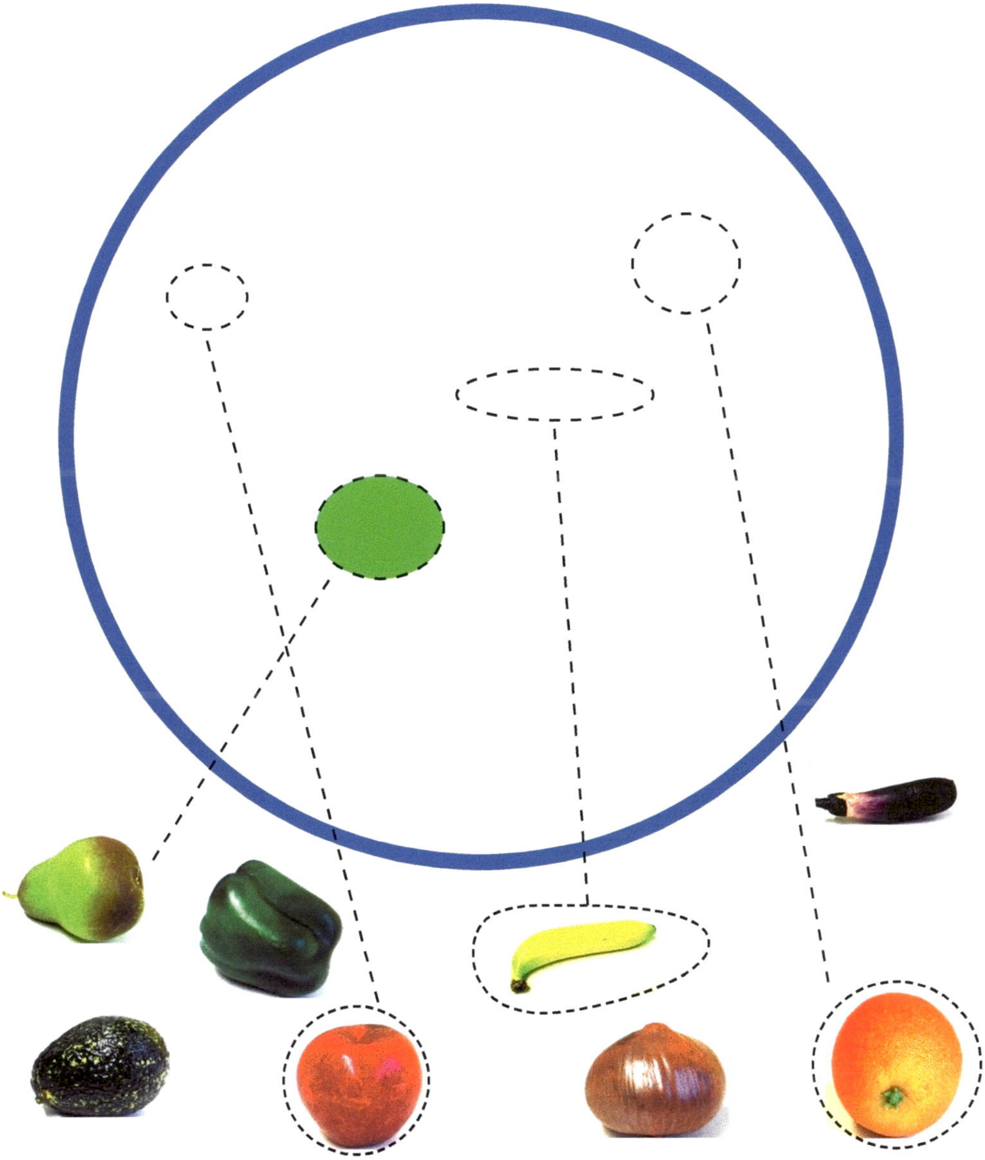

Oberbegriffe

Pablo sortiert Gemüse.

Dann malt er nur das Gemüse auf den Teller.

Gemüseteller

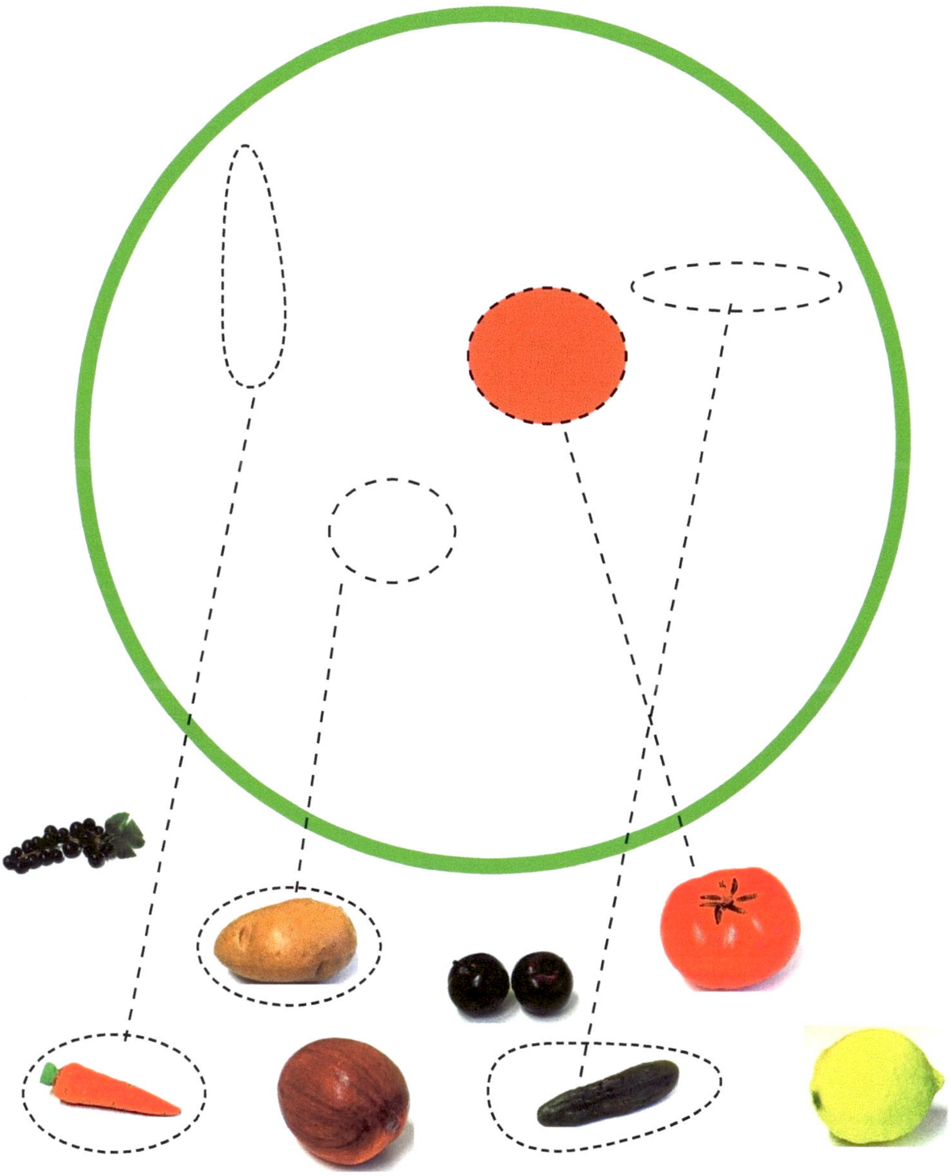

Pablo sortiert die Abbildungen von Oberbegriffen:

Werkzeug, Geschirr, Gemüse, Kleidung, Spielzeug und Schulsachen.

Weißhörnchen gibt den Kindern Hausaufgaben auf:

Sie ordnen z.B. Klötze, Bestecke, Autos oder auch geometrische Figuren nach Farbe, Form und Größe.

Sie räumen ihr Zimmer auf.
Sie sortieren Essteller, Untertassen, Tassen, Gläser.

Sie sortieren Abbildungen wie Pablo.

Das Geteilt ÷ Zeichen
teilen

Lena gibt jedem Baby Äpfel.

Weißhörnchen verteilt die Nüsse:
„Kinder, esst so viel, bis ihr satt seid.

Schließt die Augen und schmeckt.

Jede Nuss schmeckt anders.
Welche Nüsse schmecken euch am besten?

Mir schmecken die Pekannüsse.“

Die Kinder verteilen Äpfel an Puppen.

Sie sprechen „geteilt“ und schreiben das Zeichen :

Ein Kind hat Hunger.

Die Kinder verteilen Äpfel an Puppen.

Sie sprechen „geteilt“ und schreiben das Zeichen :

Alle Kinder sind satt und glücklich.

Weißhörnchen gibt den Kindern Hausaufgaben auf:

Die Kinder verteilen z.B. Salzstangen und Kekse.

Sie verteilen zu Hause z.B. Kartoffeln für Mama, Papa, Oma und Opa und an die Geschwister auf die Teller.

Mama verteilt das Taschengeld an die Kinder.

Lisa will mit Mama und Papa Mittag essen.

Sie verteilt die symbolischen Kartoffeln aus Knete.

Das Mal • Zeichen
bündeln

Die Kinder bündeln Blumen. Wenn Jon, vier Jahre, eine Blume nach der anderen in eine Vase stellt, spricht er von sich aus „noch mal“ und schreibt das Zeichen •.

Jon bündelt Narzissen in die Vasen.

Weißhörnchen gibt den Kindern Hausaufgaben auf:

Sie bündeln Radieschen, die sie im Garten geerntet haben.

Sie pflücken Blumensträuße.

Sie bündeln Karotten, die sie im Garten geerntet haben.

Sie bündeln Bohnen, wenn sie sie zur Aussaat in die Erde legen.

Paul bündelt Radieschen.

Essen
schmecken

Lena und Lyn essen Walnüsse: „MMM“.

Rothörnchen schmecken die Haselnüsse von allen Nüssen am besten.

Grauhörnchen schmecken die Erdnüsse.

Nun sind alle satt und danken für das Essen.

Geschmack

Anabell steckt sich eine Hand voll Sand in den Mund, eine Hand voll Glaskugeln, eine Hand voll Knete.

Felix isst nur Brei. Er spuckt alles aus, was nicht Brei ist.

Barbara isst nur Joghurt.

Wir üben mit Susanne schmecken.

Sie isst mit geschlossenen Augen ein Stück Apfel, ein Stück Banane, ein Stück Gurke.

Sie sagt: „Das schmeckt gut."

Sie kann nicht sagen, ob sie Banane oder Apfel oder Gurke isst.

süß

sauer

bitter

salzig

Telma und Lena lernen die Begriffe „süß“, „sauer“, „bitter“ und „salzig“ gemeinsam kennen. Erst danach kann Lena die Geschmacksrichtungen wahrnehmen.

Seriation
reihen

Seriation

Rothörnchen hat die Paranüsse so sortiert, dass jede Nuss ihren Platz bekommt. Nun sieht es die Eichel. „O“.

Sofia legt die Haselnüsse einzeln in eine Schachtel. In eine andere Schachtel legt sie eine Kastanie. Die ist so klein wie eine Nuss.

Laurenz sortiert Walnüsse und Erdnüsse.

Seriation

Seriation

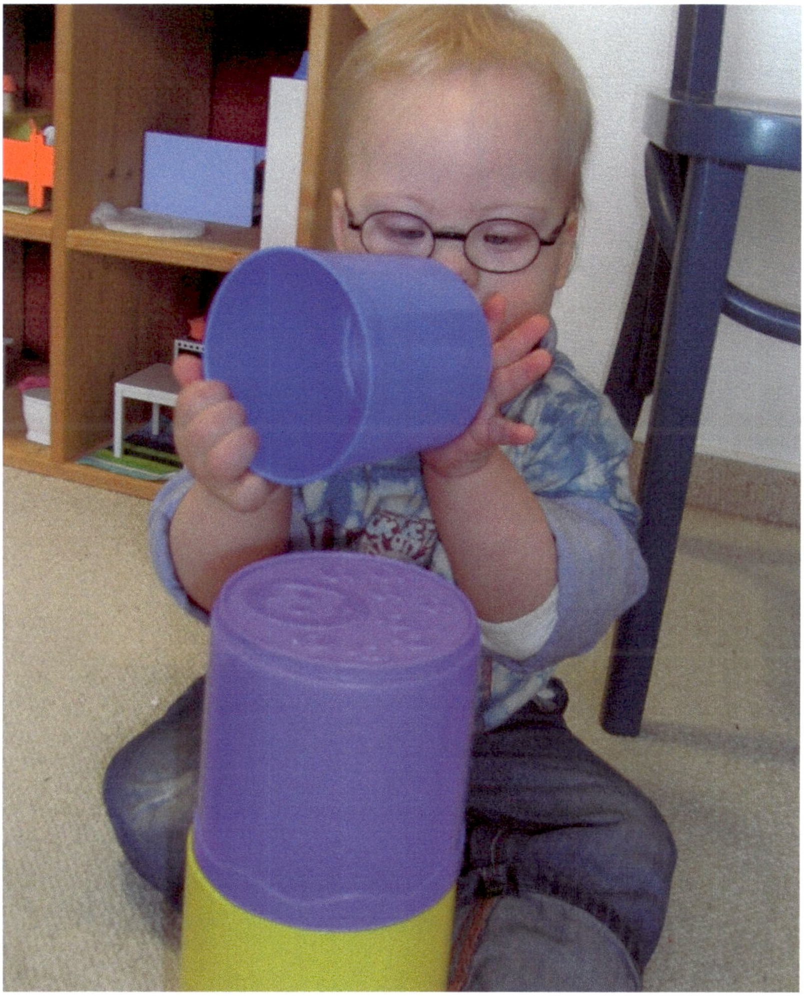

Anton baut einen Turm.

Anton baut eine Treppe.

Anton macht alles richtig: „Toll“.

Klassifikation und Seriation

Anais baut zuerst ein Haus.

Dann eine schöne Treppe.

Klassifikation und Seriation

Anais baut eine Stadt.

Lena baut eine Zahlentreppe für die Eichhörnchen.

Seriation

Kreuze an:

Was ist keine Kastanie?

Was ist kein Apfel?

Was sind keine Kartoffeln?

Was ist keine Nuss?

Seriation

Kreuze an:

Wer guckt nach links? Wer sitzt auf vier Pfoten? Wer sitzt auf zwei Pfoten? Wer ist kein Hörnchen?

Wer ist ein Vogel? Wer steht auf zwei Füßen? Welche Hörnchen sehen gleich aus?

Wer guckt nach links? Wer guckt nach rechts?

Wer sitzt auf vier Pfoten?
Wer hat ein hellbraunes Fell?

Seriation

Kreuze an:

Welcher Schmetterling ist nicht pink?

Welcher Schmetterling fliegt in eine andere Richtung?

Welche Schmetterlinge fliegen in die gleiche Richtung?

Seriation

Kreuze an:

Welche Vögel sitzen außen?

Welche Vögel gucken sich an?

Welcher Vogel ist kleiner? Welcher guckt nach rechts?

Seriation

Male die Muster weiter mit den richtigen Farben.

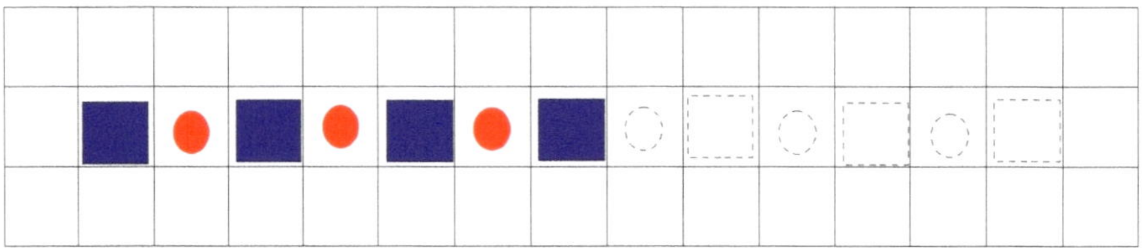

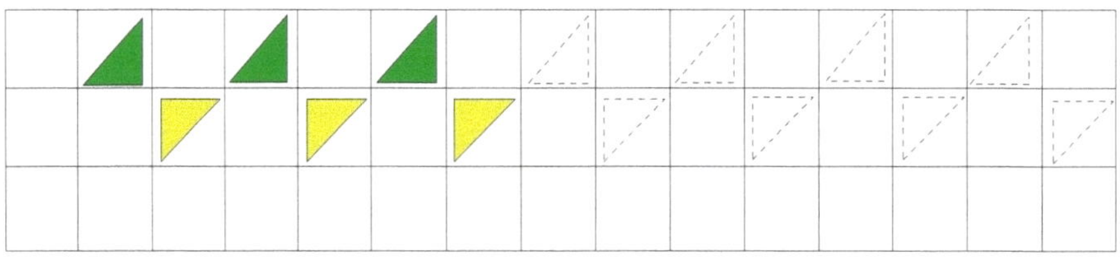

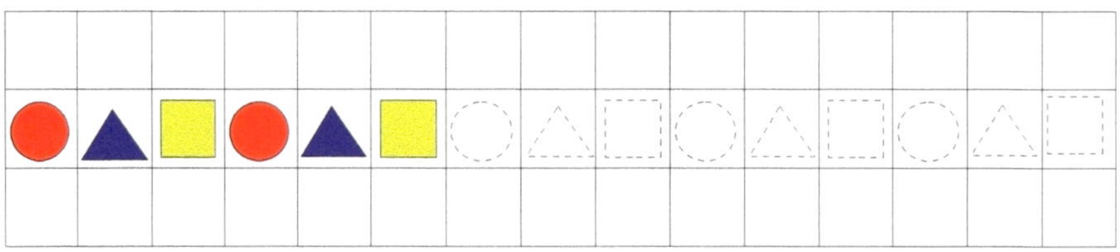

Seriation

Male die Muster weiter mit den richtigen Farben.

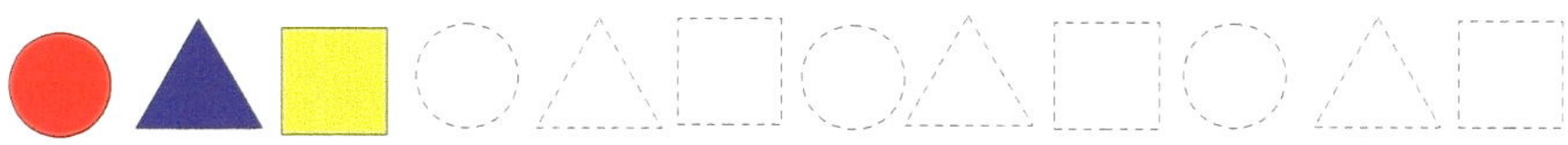

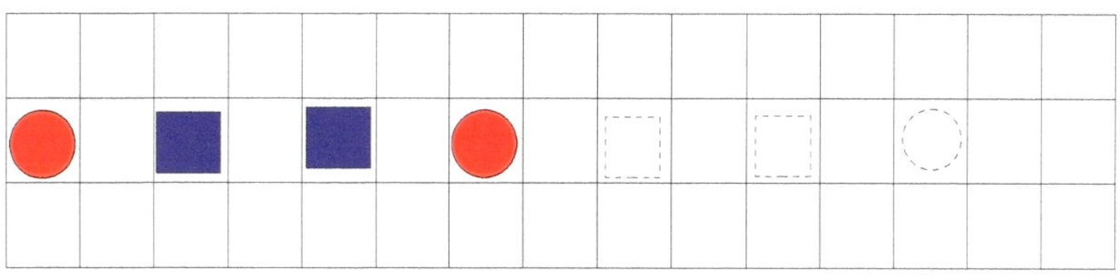

Finde den Fehler in der Reihe.

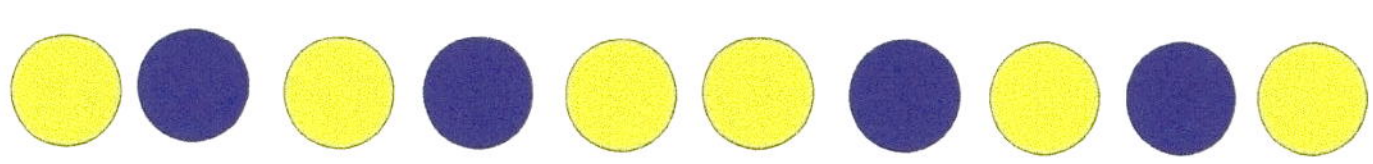

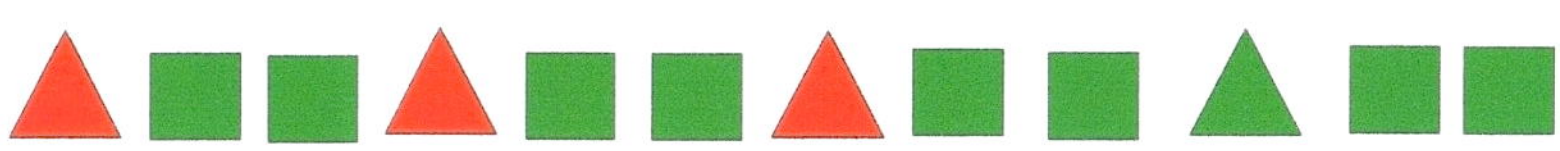

Was hat sich geändert?

Weißhörnchen gibt den Kindern Hausaufgaben auf:

Die Kinder bauen z. B. Treppen und Pyramiden und Türme.

June und Stine legen logische Reihen von bunten Mustern und malen sie an.

Sofia fädelt eine schöne Raupe auf.

Zählen ohne Zahlbegriff beim Spielen bis 5

Foto: Katja Rohland

Die Kinder haben auf dem Spielplatz die Erfahrung gemacht, dass jedes Spielgerät nur für eine bestimmte Anzahl von Kindern reicht.

Im Unterricht spielen sie die Erfahrungen mit Puppen nach. Weißhörnchen gibt den Kindern die Hausaufgabe auf, alles, was ihnen in den Weg kommt, zu zählen.

Mathe

in der Tauschgesellschaft

Rothörnchen und Weißhörnchen haben im Herbst zehn Nüsse vergraben. Sie haben für jede Nuss ein Stöckchen in eine Schachtel gelegt.

Es ist Winter. Sie haben Hunger. Nun suchen sie unter dem Schnee die versteckten Nüsse. Sie vergleichen nun Nüsse und Stöckchen. Sechs Nüsse haben sie ausgegraben. Vier Nüsse liegen noch unter dem Schnee.

So haben es schon die alten Sumerer gemacht.

Die Sumerer wurden vor 8000 Jahren sesshaft.

Sie eigneten sich Land an. Sie hielten Haustiere.

Die Schafe wurden auf den Weiden von einem Schäfer bewacht.

Die Zeichen für mehr > gleich = weniger <

Eins-zu-Eins-Korrespondenz

Bevor ein Schäfer die Schafe auf die Weide brachte, ordnete der Besitzer eins zu eins jedem Schaf eine Tonkugel zu.

Diese nannten die Sumerer Token.

So haben sie ihren Besitz mit Hilfe von diesen kleinen Tonkugeln, die sie Token nannten, symbolisiert.

Wenn der Schäfer mit den Schafen von der Weide zurückkam, kontrollierte der Besitzer eins zu eins mit Hilfe der Token, ob auch kein Schaf verloren gegangen war.

Hatte er ein Token mehr als Schafe, dann war ein Schaf verloren gegangen.

Hatte er mehr Schafe als Token, war ein Schaf hinzugekommen.

Wenn er gleich viele Schafe wie Token hatte, waren alle Schafe zurückgekehrt.

Vergleichen

<

Ein Schaf ist verloren gegangen.

>

Ein Schaf ist dazugekommen.

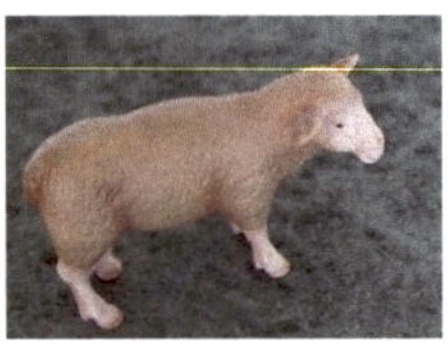

=

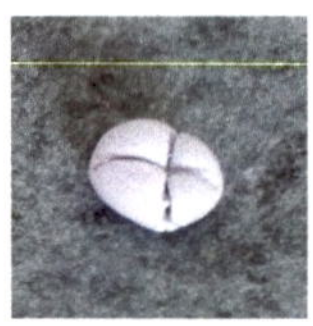

Alle Schafe sind zurückgekehrt.

Vergleichen

Weißhörnchen erklärt den Kindern die Zeichen: > = <

Rothörnchen sagt: „Es gibt mehr Token als Schafe!"

Rothörnchen legt das Zeichen > mehr vor die Token.

Vergleichen

Lena vergleicht Autos und Puppen.

Es gibt mehr > Puppen als Autos.

 > 

Vergleichen

Das Krokodil frisst Äpfel.

Es will immer mehr **>**.

Es hilft Grauhörnchen, das Zeichen **>** zu schreiben.

Vergleichen

Vergleichen

 = 

Rothörnchen und Grauhörnchen vergleichen, ob sie beide gleich viele Nüsse haben oder ob einer von ihnen mehr oder weniger Nüsse hat.

Lena vergleicht Kühe und Schweine. Es sind mehr Kühe im Stall. Ein Schwein ist noch draußen.

Vergleichen

Finn vergleicht Autos und Kinder. Es gibt mehr Autos.

Jon vergleicht große und kleine Autos und zählt sie.

Vergleichen

Rothörnchen und Grauhörnchen vergleichen Walnüsse und Haselnüsse.

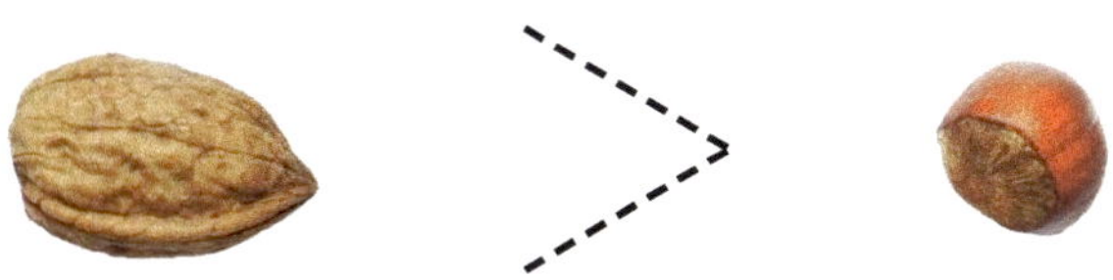

Vergleichen

Gibt es mehr Reiter oder mehr Pferde? Verbinde.

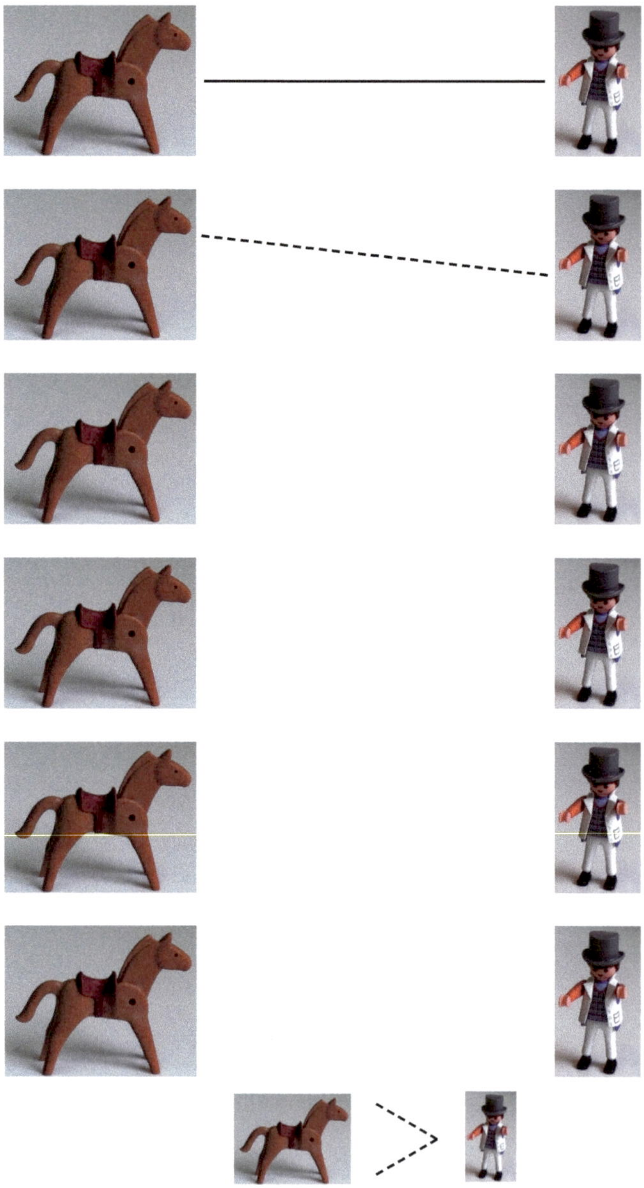

Vergleichen

Gibt es mehr Pferde oder mehr Reiter? Verbinde.

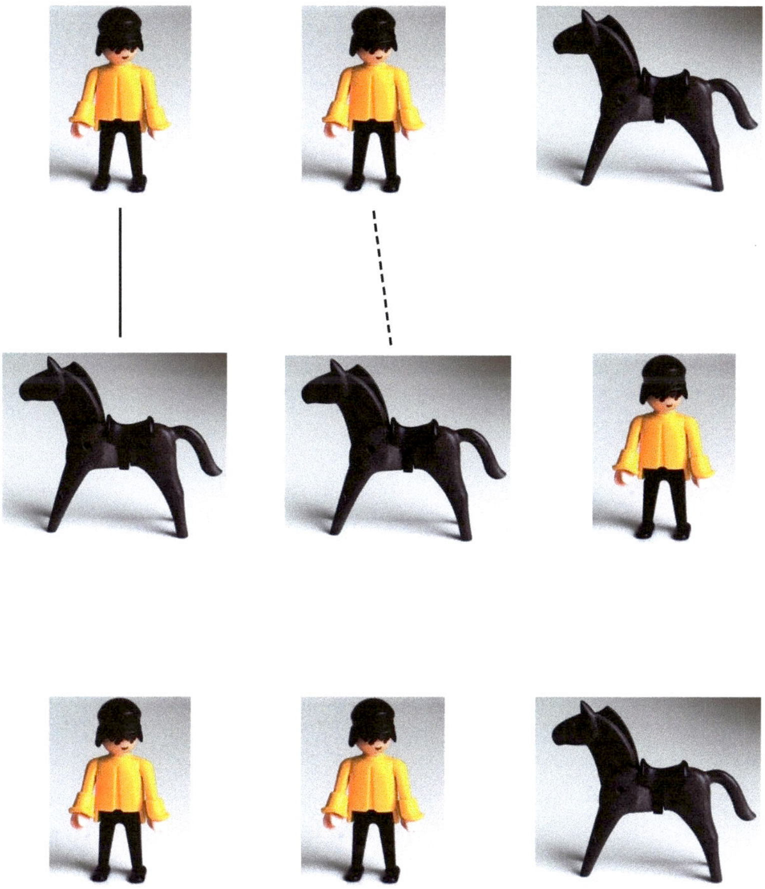

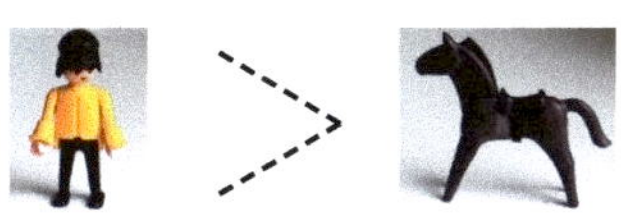

Vergleichen

Gibt es mehr Motorräder als Polizisten? Verbinde.

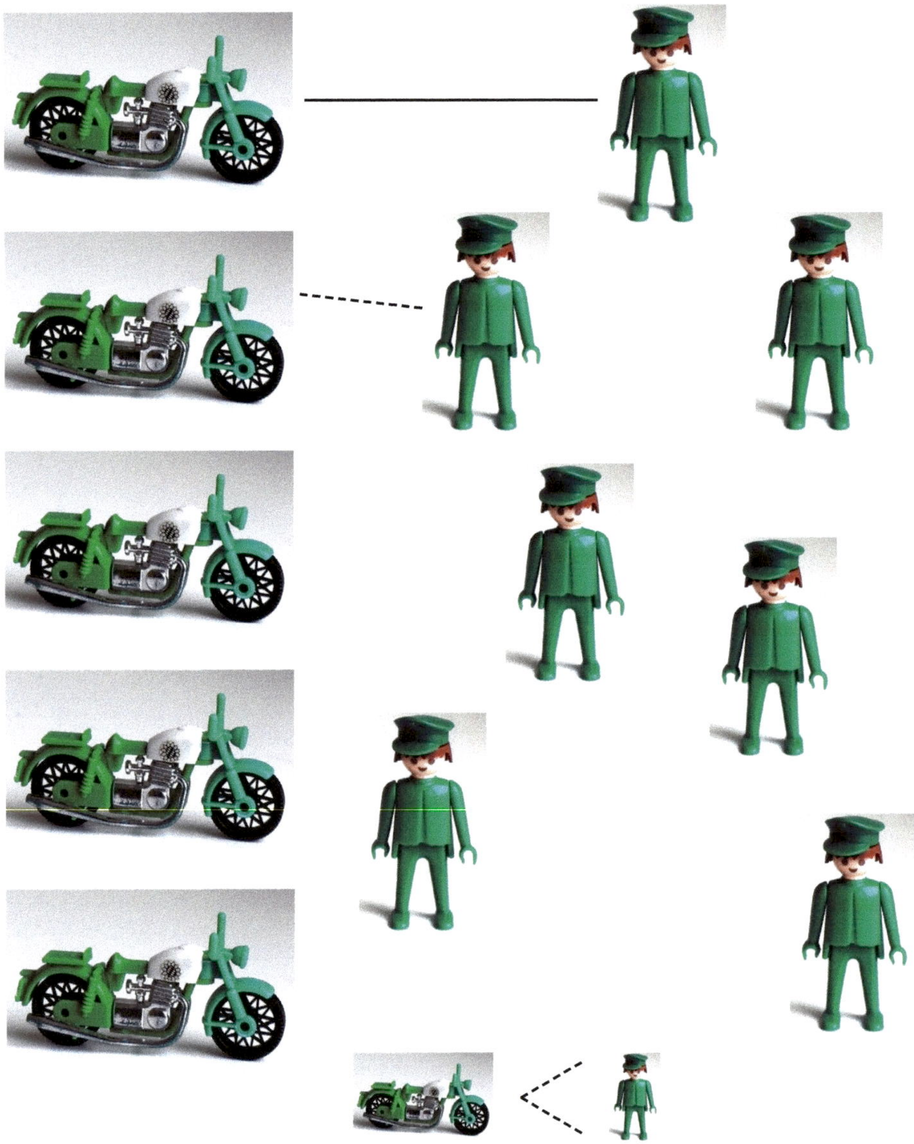

Vergleichen

Gibt es mehr Motorräder oder Polizisten? Verbinde.

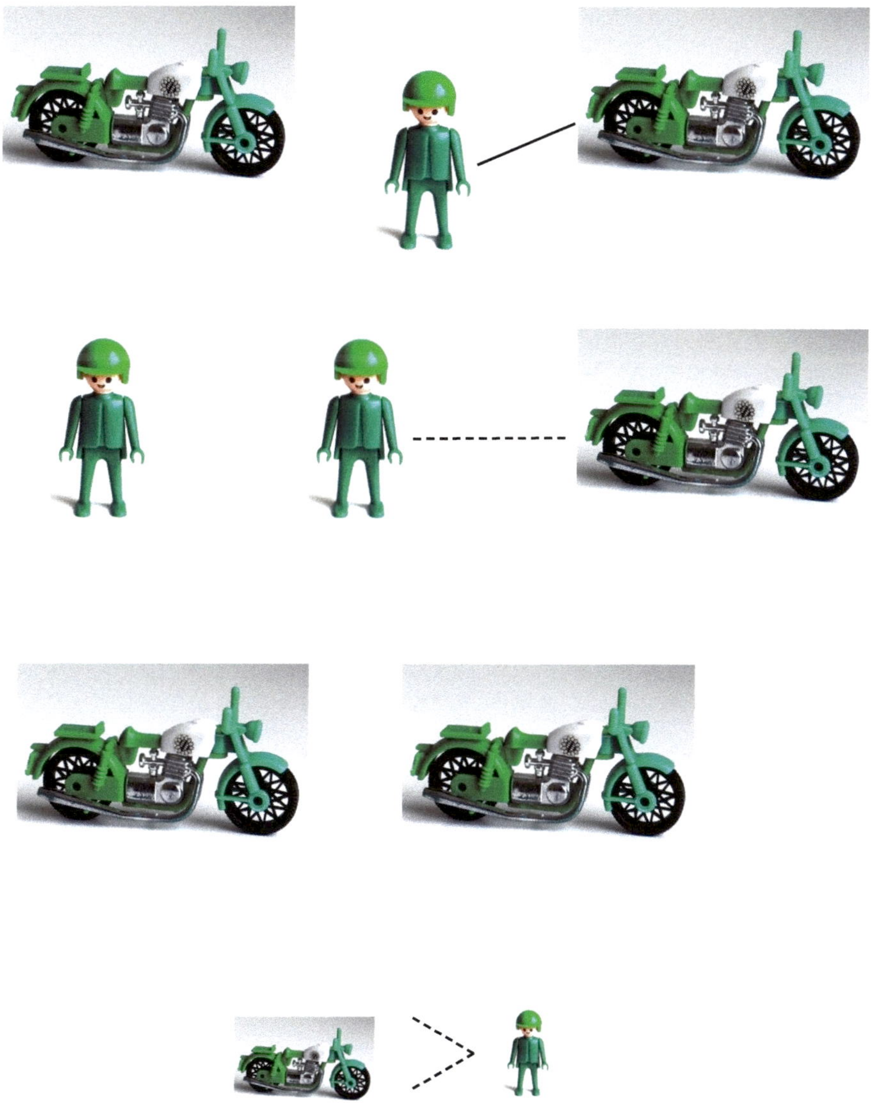

Vergleichen mit einer Hilfsmenge

Gibt es mehr Kühe oder mehr Schweine? Übertrage für jedes Tier den jeweiligen farbigen Chip in die Tabelle.

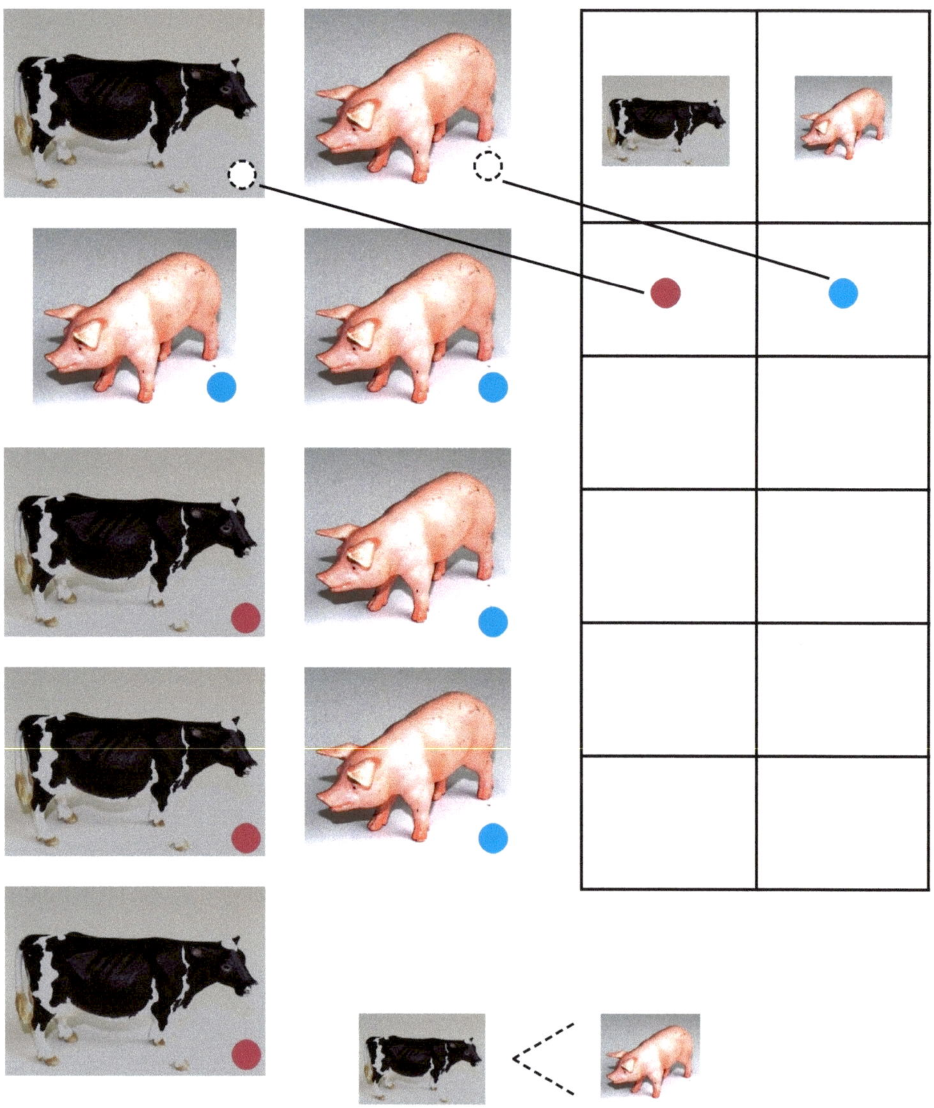

Vergleichen mit einer Hilfsmenge

Gibt es weniger Pinguine oder mehr Frösche?

Übertrage für jedes Tier den jeweiligen farbigen Chip in die Tabelle.

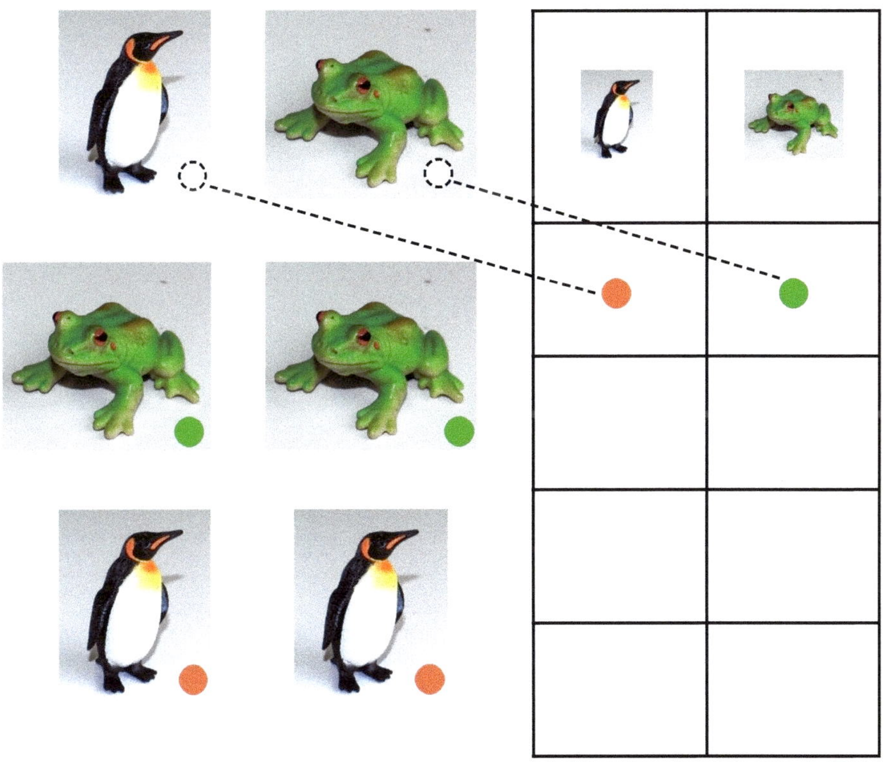

Weißhörnchen gibt den Kindern Hausaufgaben auf:

Sie vergleichen z. B. Mengen von Münzen, Smarties, Gummibärchen, Autos, Glassteinen mit Hilfe der Eins-zu-Eins-Korrespondenz.

Sie vergleichen mit Hilfe von Hilfsmengen, wenn die Gegenstände nicht nebeneinander gelegt werden können.

Sie wenden die Zeichen

mehr >
gleich =
weniger <

an.

Vergleichen

Jon zählt die Autos der linken Reihe.

Danach legt er die übrigen Autos in die rechte Reihe. Dann vergleicht er.

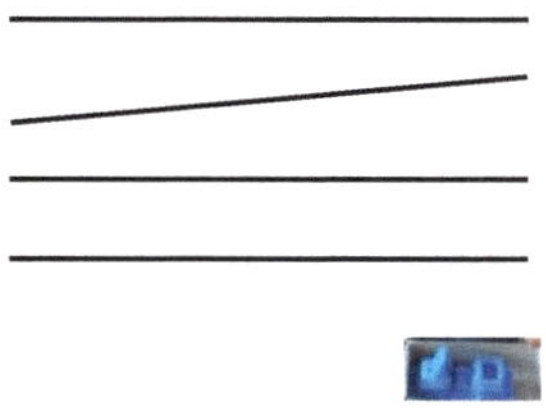

Jon vergleicht nun die symbolisierten Autos.

Hat er mehr Autos?

Tauschen

wechseln

Tauschen

Weißhörnchen sagt: „Die Sumerer entschieden, dass ein Öltoken einen Krug Öl symbolisiert.

Händler, die Ölkrüge zum Tausch anboten, verlangten für jeden Ölkrug ein Öltoken.

Der Käufer konnte gegen 4 Öltoken 4 Ölkrüge eintauschen."

Tauschen

Rothörnchen hat Walnüsse. Grauhörnchen hat Haselnüsse. Rothörnchen bekommt für eine Walnuss vier Haselnüsse.

Tauschen

Für eine Walnuss gibt es zwei Erdnüsse.

Für eine Walnuss gibt es vier Haselnüsse.

Wie viele Walnüsse gibt es für vier Erdnüsse?

Richtig! Es gibt zwei Walnüsse.

Rothörnchen tauscht zwei Walnüsse gegen acht Haselnüsse.

Tauschen

Tauschen

Ich vermisse den neuen bunten Bus.

Jons Mutter sagt: „Jon hat den Bus doch bei Ihnen gegen zwei blaue Autos getauscht."

„Ich weiß von nichts."

Jon erklärt: „Ganz alleine gemacht."

Mehr geht nicht. Jon kann Mathe!

Jetzt spielt er mit den blauen Autos.

Der Bus ist zu Hause.

Weißhörnchen gibt den Kindern Hausaufgaben auf:

Die Kinder bringen z. B. verschiedene Gegenstände mit in den Unterricht und tauschen damit.

Jon tauscht kleine Autos gegen große Autos.

Lisa tauscht Kleider von Barbie gegen Kleider für Baby Born.

Josefine tauscht Äpfel gegen Schokolade.

Zählen ohne Zahlbegriff

beim Symbolisieren bis 5

Die Kinder zählen beim Anmalen der Symbole die verschiedenen Mengen noch ohne Zahlbegriff. Sie lernen innere Vorstellungen von eins, zwei, drei, vier, fünf als Symbole. Aus dem externen Gedächtnis wird das interne Gedächtnis.

Male die Bälle bunt an.

Ein Ball symbolisiert die Anzahl eins.

Symbolisieren

Male alle Sonnenbrillen braun an.

Eine Brille symbolisiert die Anzahl zwei.

Symbolisieren

Male die Eiskugeln rosa, gelb und braun an.

Ein Fürst-Pückler-Eis symbolisiert die Anzahl drei.

Symbolisieren

Male die Augen der Schmetterlinge schwarz an.

Ein Schmetterling symbolisiert die Anzahl vier.

Symbolisieren

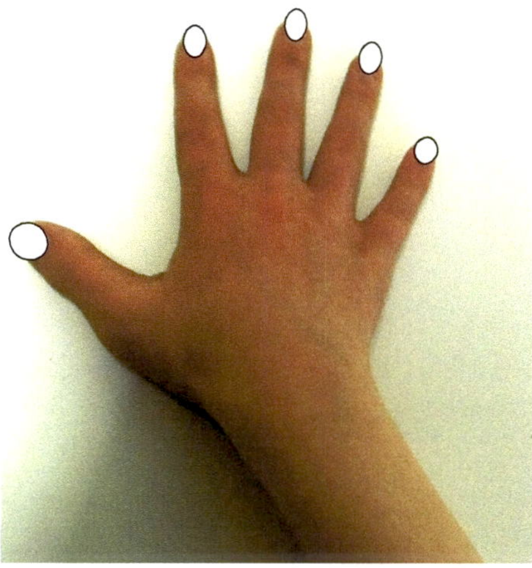
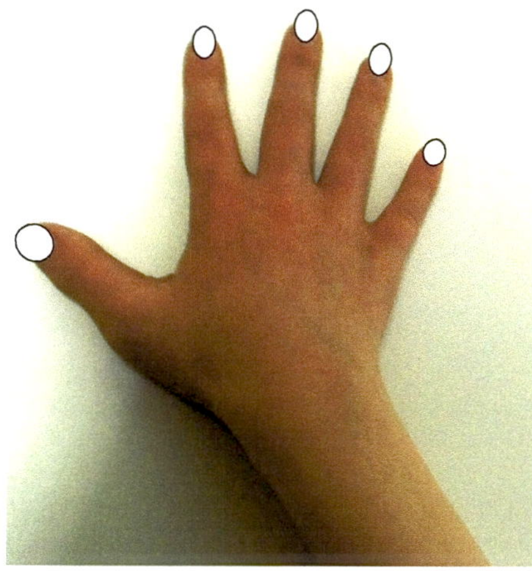
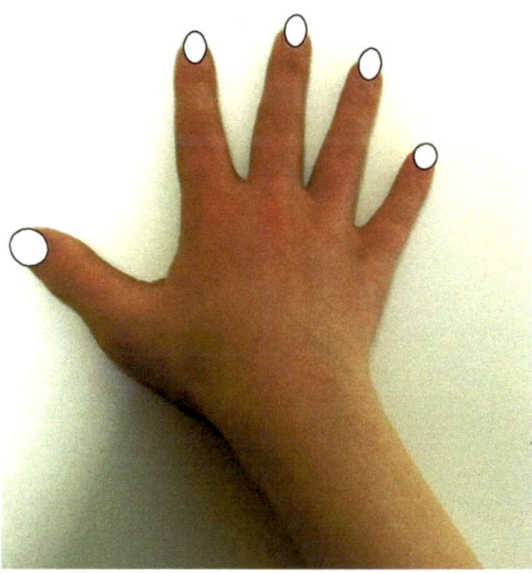
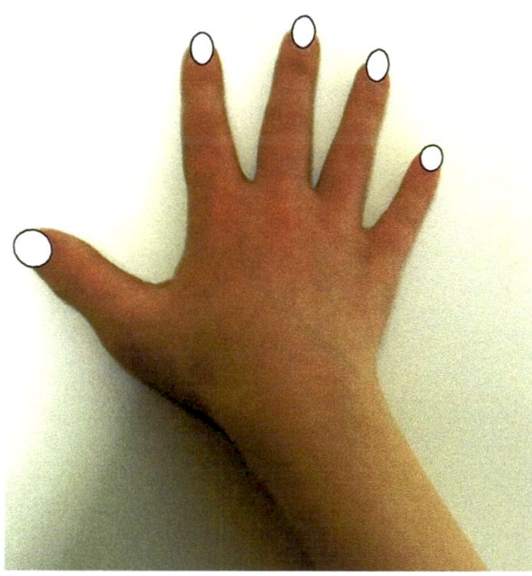

Male die Nägel der Finger rot an.

Eine Hand symbolisiert die Anzahl fünf.

Symbolisieren

Samaa symbolisiert die Menge fünf.

Weißhörnchen gibt den Kindern Hausaufgaben auf:

Sie symbolisieren die Zahlen. Wenn die Kinder die Symbole malen, dann kommen sie von außen nach innen in den Kopf.

June symbolisiert die 4 mit Hilfe von Holzklötzchen, wenn sie die Treppenstufen legt.

Stine symbolisiert mit Hilfe von Holzklötzchen die 5, wenn sie eine Blume anfertigt.

Paul symbolisiert eine Raupe mit 5 Klötzchen, einen Hund mit 7 Klötzchen und eine Ente mit 8 Klötzchen.

Symbolisieren

Symbolisieren

Male die Symbole für die Mengen 1, 2, 3, 4, 5.

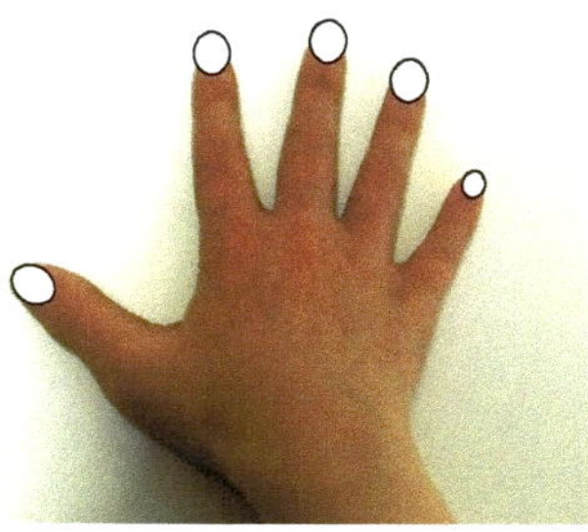

Symbolisieren

Male die Symbole für die Mengen 1, 2, 3, 4, 5.

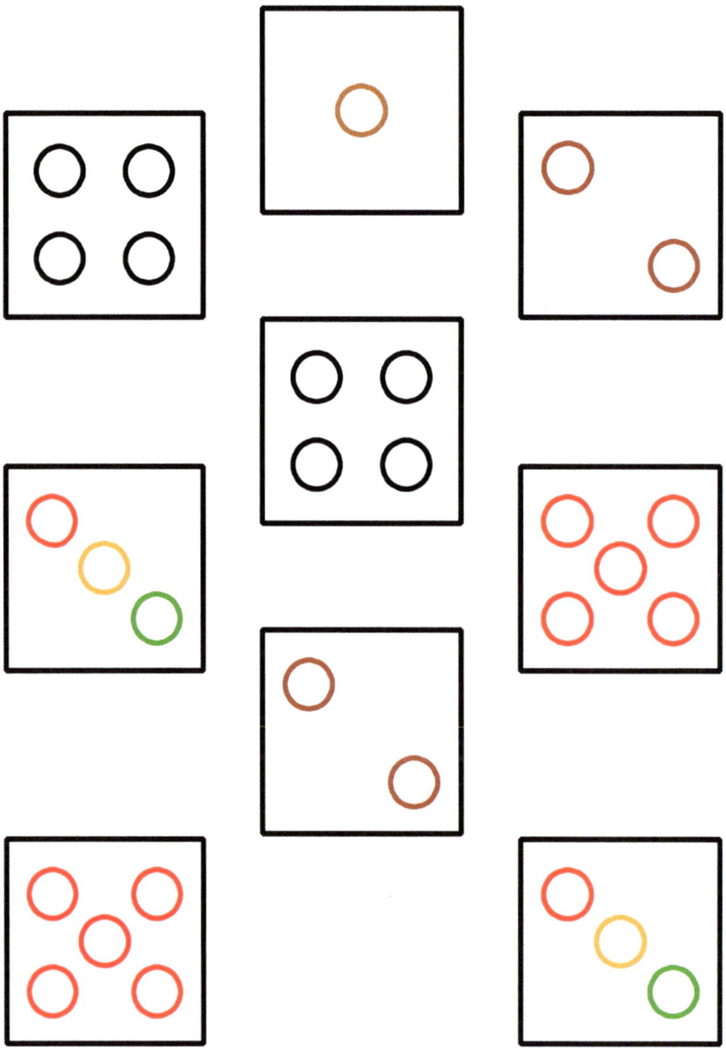

Das weg - Zeichen

weg tun

Die Eichhörnchen nehmen das kaputte Rad ab.

Sie sprechen das Rad „**weg**“ und schreiben das Zeichen weg -.

Das weg - Zeichen

weg -

=

weg -

=

weg -

=

Das weg - Zeichen

weg - =

weg - =

weg - =

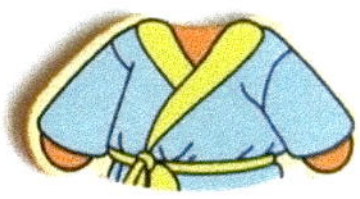

Das weg - Zeichen

Rothörnchen schreibt an Oma. Es hat einen Fehler gemacht. Was nun? Der Fleck muss **weg**. Aber wie?

Grauhörnchen nimmt den Tintenkiller.

Es macht den Fleck **weg**.

Rothörnchen staunt: „Wo ist der Fleck?“

Grauhörnchen sagt: „Der Fleck ist **weg**.“

Das weg - Zeichen

Das weg - Zeichen

Grauhörnchen versteckt seine Haselnüsse unter dem Schnee.

Sie sind weg.

Wo sind sie?

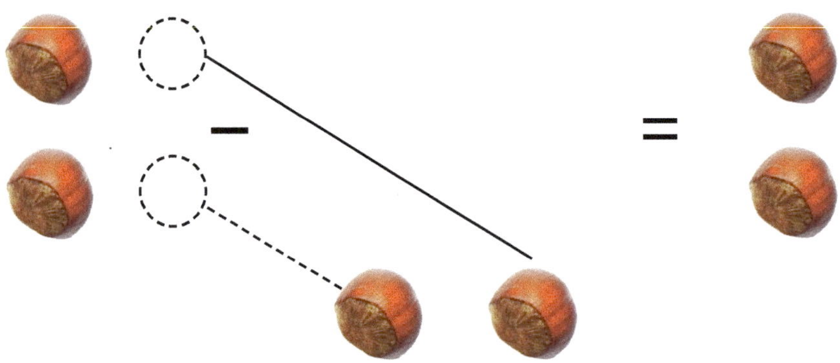

Das weg - Zeichen

Rothörnchen hat seine Erdnüsse versteckt.

Sie sind weg.

Wo sind sie?

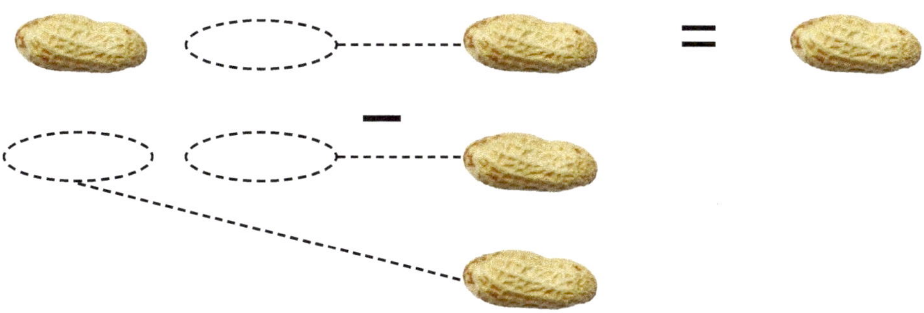

Weißhörnchen gibt den Kindern Hausaufgaben auf:

Sie nutzen das weg – Zeichen.

Sie machen etwas weg.

Sie sprechen „weg“.

Sie schreiben –.

Sie reißen z. B. Unkraut raus:

Foto: Katja Rohland

Das und + Zeichen
und tun

Die Eichhörnchen reparieren einen Trecker.

Sie schrauben ein Rad an.

Sie sprechen „und“ und schreiben das und + Zeichen.

Das und + Zeichen

 und +  = 

 und +  = 

 und +  = 

Das und + Zeichen

und +

=

und +

=

und +

=

Weißhörnchen gibt den Kindern Hausaufgaben auf:

Sie backen Pfannkuchen. Sie sprechen:

Ich nehme Mehl „und" Milch

„und" Zucker „und" Eier.

Sie fügen hinzu und sprechen „und" .

Sie schreiben +.

Jon spricht „und" und schreibt +.

Das und + Zeichen

Jon backt Pfannkuchen.

Invarianz
unverändert

Weißhörnchen fragt:

„Wo ist mehr Knete. Die Schlange oder der Ball?"

Rothörnchen sagt:

„Die Schlange. Das sehe ich mit einem Blick."

Invarianz

Dann macht Lehrer Weißhörnchen aus der Knete zwei Rollen. Er legt ein Maß an.

Die Schüler staunen.

„Die beiden Rollen aus Knete sind ja gleich."

Weißhörnchen gibt den Kindern Hausaufgaben auf:

Frau Manske hat zwei Gläschen Orangensaft in ein hohes schmales Glas und in ein niedriges breites Glas gegossen. Sie fragt Pablo:
„In welchem Glas ist mehr Saft?“

Pablo zeigt auf das hohe schmale Glas. Er sagt:
„Das sehe ich sofort.“

Frau Manske sagt: „Wir prüfen das noch einmal.“

Sie gibt ihm eine Kanne. In der Kanne sind zwei Gläschen Orangensaft.

Invarianz

Invarianz

Zuerst gießt er den Saft in das niedrige breite Glas.

Dann füllt Frau Manske wieder die Kanne mit zwei Gläschen Orangensaft.

Pablo gießt nun den Saft in das hohe schmale Glas.

Er schaut genau hin. Er vergleicht die Gläser mit den Augen.

Er zeigt auf das niedrige breite Glas und sagt:

„Hier ist weniger drin. Das sehe ich genau."

Wir wollen prüfen, ob das stimmt.

Invarianz

Frau Manske hat jedes Gläschen als oranges Viereck symbolisiert. Als Pablo zwei Gläschen in das hohe schmale Glas gegossen hat, klebt er in das aufgezeichnete hohe schmale Glas zwei Quadrate. So merkt er sich, wie viele Gläschen er in das Glas geschüttet hat.

Invarianz

Nun gießt Pablo in das niedrige Glas auch zwei Gläschen.

Er klebt für jedes Gläschen wieder ein Bild in das gezeichnete Glas.

So merkt er sich, was er gemacht hat.

„Ich hab in jedes Glas zwei Gläschen gegossen.

O, das ist gleich oder?!"

Vygotskij schreibt:

Wenn das Vorschulkind denkt, erinnert es.

Wenn das Schulkind erinnert, denkt es.

Mathe in der Geldgesellschaft

Zählen

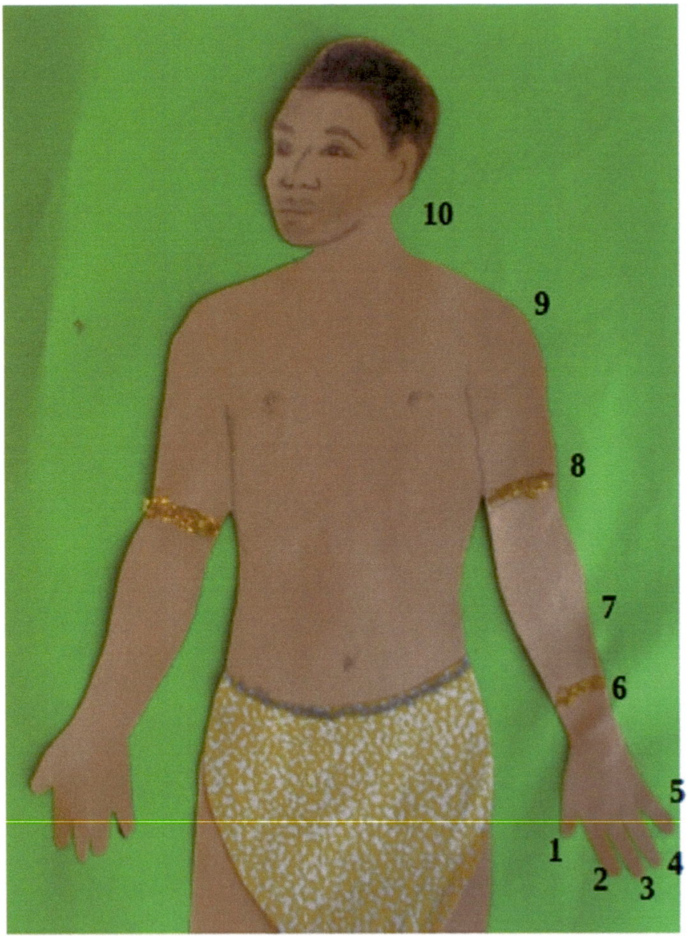

In verschiedenen Kulturen werden und wurden Körperteile, Symbole, Buchstaben und Ziffern für die Bezeichnung von Mengen verwendet.

Es gab Kulturen, die die Mengen mit einem Körperteil bezeichneten.

Die Paiela aus Neu Guinea bezeichneten die Mengen 1 bis 28 auf diese Weise. Wenn sie in die Hände klatschten, bedeutete dies die Menge 28.

Die Römischen Zahlen können wir heute manchmal als Baujahr an Bauwerken, z. B. MDLIII für 1653 entdecken. Die Römer benutzten sieben Buchstaben ihres Alphabets, um eine Menge zu bezeichnen.

Mit den römischen Ziffern konnte nur eine begrenzte Menge bezeichnet werden.

Die höchste Zahl der Römer ist 1000.

Wie war es den Römern nur möglich, mit solchen Ziffern mathematische Aufgaben zu lösen, die über die Zahl tausend hinausgingen?

Auf dieser Uhr sehen wir nur Buchstaben.

Die Anzahl der Stunden sind bis zur vierten

Stunde als Tokenstriche symbolisiert:

I Stunde

II Stunden

III Stunden

IIII Stunden

Für die fünfte Stunde gibt es das Zeichen V,

das sich aus der Bündelung entwickelt hat.

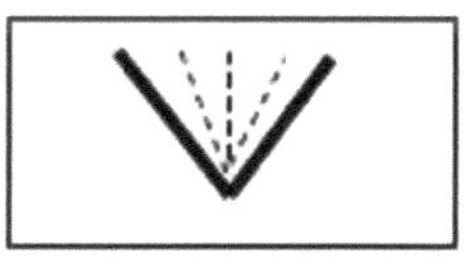

Für die zehnte Stunde das Zeichen:

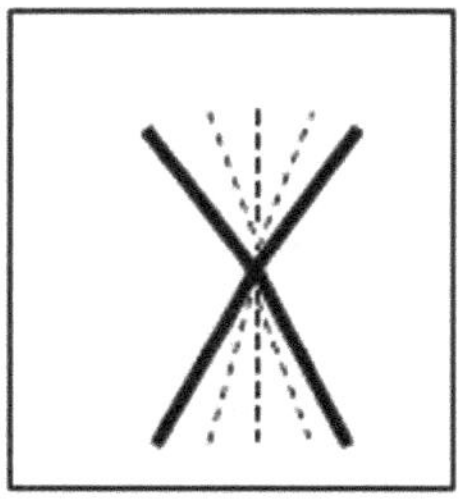

Beide Zeiger auf der richtigen Uhr zeigen 12 Uhr an. Auf der Spieluhr ist der kleine Zeiger auf der 1. Dann kommt Jons Mama.

Die Kinder lernen, Zeit bewusst zu erfahren.

Wenn sie in den Unterricht kommen, stellen wir eine Spieluhr hin und stellen den Zeiger auf den Zeitpunkt, wann sie abgeholt werden.

Nun vergleichen sie diesen Zeitpunkt mit der tickenden Uhr.

Sie beobachten nun, wie sich der Zeiger dem Zeitpunkt auf der Spieluhr nähert.

Nun zeigen beide Uhren die gleiche Zeit an.

Und richtig. Es klingelt. Mama steht vor der Tür. Danach lernen sie zuerst die Bedeutung des großen Zeigers und die Bedeutung des kleinen Zeigers kennen.

Zählen

Wann, wo und von wem die arabischen Ziffern erfunden wurden, ist ein Geheimnis.

Die Araber brachten die arabischen Ziffern 1000 n. Chr. nach Europa.

Die Europäer haben die arabischen Ziffern lange Zeit mit der Begründung abgelehnt, dass die Zeichen 2 und 3 zu leicht verwechselt werden könnten.

Schließlich wurden die arabischen Ziffern um 1650 in Europa akzeptiert.

In unserem Kulturkreis hat sich die Schreibweise der arabischen Ziffern 0, 1, 2, 3, 4, 5, 6, 7, 8, 9 durchgesetzt.

Die Entdeckung der Eins

Grauhörnchen sagt: „Mein Stück Stoff ist kürzer."

Die Eins

Rothörnchen und Grauhörnchen brauchen Säcke für ihre Nüsse. Sie kaufen Stoff.

Der Verkäufer von Rothörnchen hat lange Arme. Er legt den Stoffballen an seinen Arm.

Dann schneidet er ein Stück Stoff ab.

Er sagt: „Eine Elle Stoff kostet eine Pfote Haselnüsse."

Grauhörnchens Verkäufer hat kurze Arme. Er legt den Stoffballen an seinen Arm und schneidet ein Stück Stoff ab.

Er sagt: „Eine Elle Stoff kostet eine Pfote Haselnüsse."

Rothörnchens Stück Stoff ist viel länger.

Die Eins

Die Eins

Sie gehen zu Weißhörnchen.

Lehrer Weißhörnchen sagt: „Ihr braucht ein Maß. Er gibt den Kindern ein Metermaß, das ist ein bisschen kürzer als Rothörnchens Stück Stoff und ein bisschen länger als Grauhörnchens Stück Stoff. Jetzt kaufen alle Eichhörnchen im Wald ihren Stoff für die Säcke mit dem Metermaß. Jeder Sack hat nun die gleiche Größe 1. Das ist toll.

Die Eins

Rothörnchens Stoff

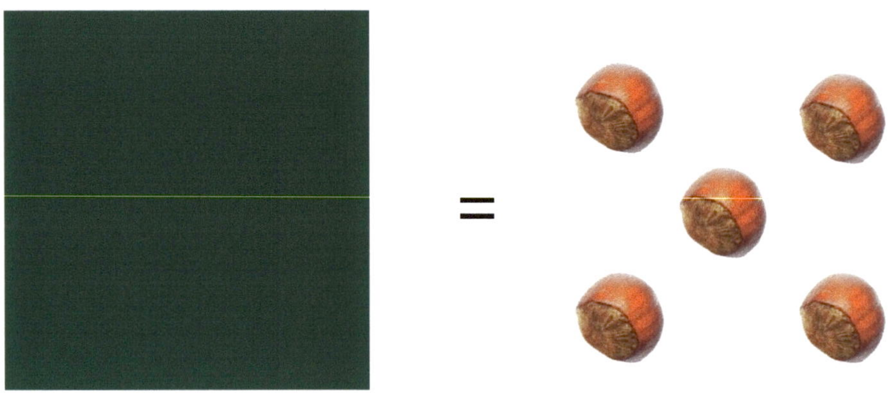

Grauhörnchens Stoff

Die Eins

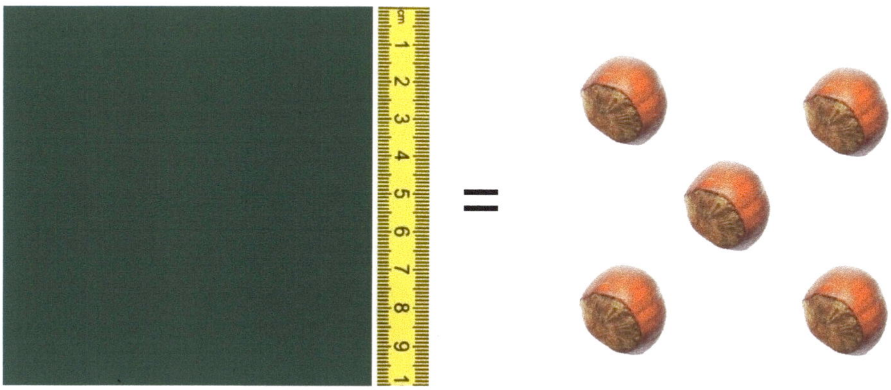

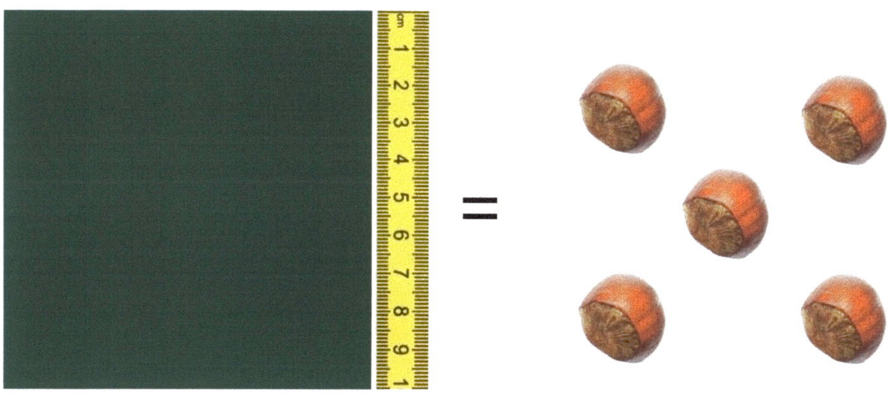

Jedes Stück Stoff für einen Sack ist 1 dcm lang.

Arbeitsblätter von L. F. Obuchova

Die Eins als Maßeinheit

Welches Haus ist höher?

Das Kind legt einen Streifen Papier auf das Haus mit dem grünen Dach. Das ist das Ausgangsmaß für jede weitere Messung. Die Häuser sind gleich hoch.

Die Eins

Das Kind schneidet einen Streifen Papier zu, den es auf den Stängel des rechten Stiefmütterchens legt.

Nun hat es die „Eins“ als Ausgangsmaß. Dann vergleicht es die „Eins“ mit dem Stängel des linken Stiefmütterchens. Der Stängel ist länger als „ Eins“.

Die Eins

Welcher Weg ist länger?

Welcher Weg ist länger?

Die Eins

In welcher Reihe sind mehr Birnen?

Gibt es mehr Menschen als Häuser?
Um das zu wissen, benötigen die Kinder Hilfsmengen.

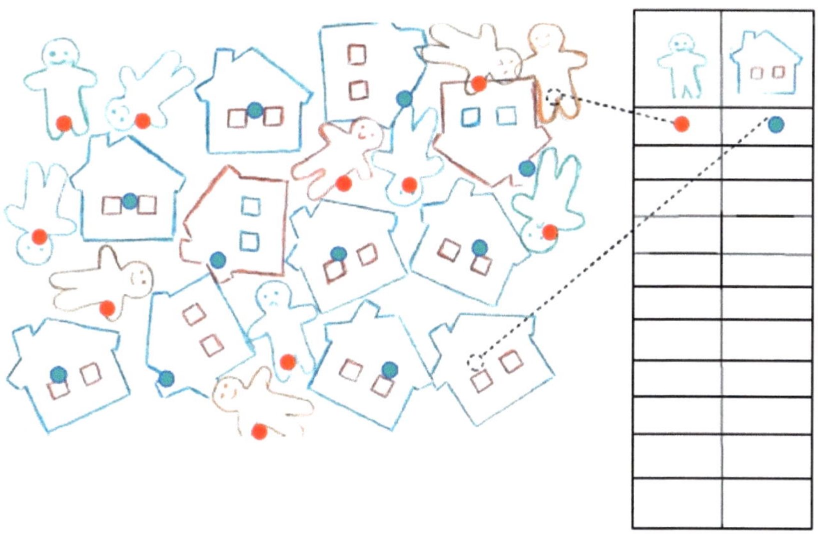

Aktualgenetische Mathekarten

Eine innere geistige Handlung setzt die Einheit von Handlung im Wahrnehmungsfeld, dem Erinnern der Handlung und deren Bezeichnung voraus.

1. Es ist notwendig, eine sinnvolle Handlung mit einer bestimmten Menge von Gegenständen auszuführen. Die Kinder machen sich die Menge „zwei" beim Wippen bewusst. Dann spielen sie diese Erfahrung mit Puppen nach.

   Es wird ein Foto gemacht.

2. Die Brille ist ein Symbol für die Menge „zwei". Die Kinder haben auf Grund vielfältiger Erfahrungen ein inneres Bild von der Brille.
3. Das Wesentliche der Brille sind die zwei Kreise, die die Gläser symbolisieren. Sie erkennen sie auf dem Würfel wieder.
4. Das Zeichen, die Ziffer 2, wird mit dem inneren Bild des Symbols „Brille" und den zwei Kreisen auf dem Würfel, die an die Brille erinnern, zu einer Einheit verbunden. Nun sind die Kinder in der Lage, eine geistige Handlung mit dem Zeichen 2 zu vollziehen.

Die Aktualgenetischen Mathekarten wiederholen die psychologischen Entwicklungsstufen der Ontogenese in einer Unterrichtsstunde, der Aktualgenese. So bekommt jedes Kind die Möglichkeit, auf seiner jeweiligen Entwicklungsstufe die Aufgaben zu lösen.

Kein Kind scheitert. Auf diese Weise wird das inklusive Lernen im Mathematikunterricht wirklich. Kinder mit Downsyndrom verstehen den Sinn der Aufgaben und lernen selbstständig, die Aufgaben zu lösen.

Sie lernen auf diese Weise, innere Vorstellungen von den Mengen der abstrakten Ziffern zu entwickeln.

Den Kindern ist es nach meiner Erfahrung im Unterricht nicht möglich, zu inneren geistigen Handlungen zu gelangen, weil den Kindern die Stufen der sinnvollen Handlungen im Wahrnehmungsfeld nicht angeboten werden und die symbolischen Handlungen im inneren Ereignisraum nicht ermöglicht werden.

In der Geschichte der Menschheit nehmen diese den längsten Zeitraum ein.

Die Aktualgenetischen Mathekarten

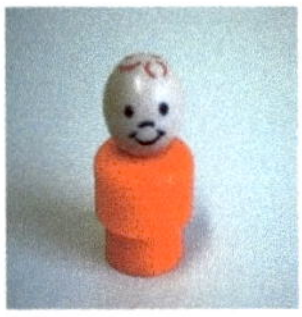

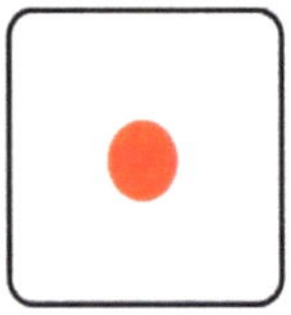

1

EINS

2

ZWEI

3

DREI

4

VIER

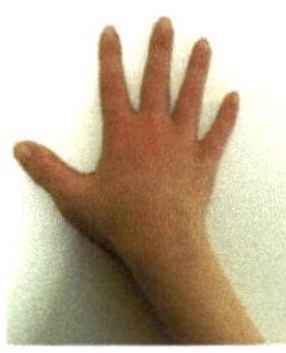
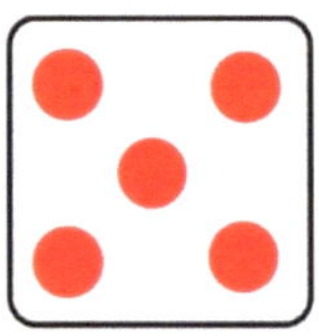

5

FÜNF

Die Karten dürfen vergrößert, ausgeschnitten und laminiert werden.

Pablo, Paul, Lisa, Michel rechnen die Aufgabe 3 + 2 = 5 unterschiedlich.

Pablo  +  = 

Paul  + 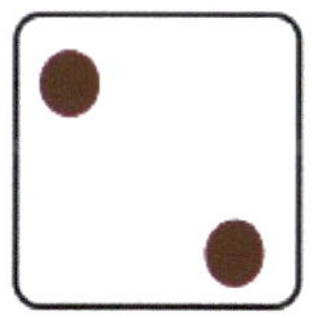 = 5

Lisa 3 + 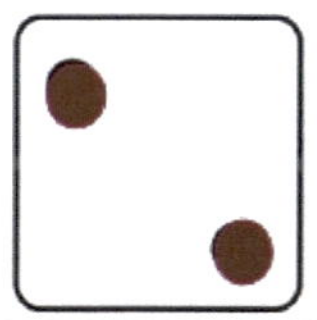 = 5

Michel 3 + 2 = 5

Die Karten dürfen vergrößert, ausgeschnitten und laminiert werden.

Stückzahl

Stückzahl

Weißhörnchen sagt: „Wenn ihr zählt, dann müsst ihr vergessen, was ihr zählt. Ihr macht für jeden Gegenstand einen Punkt. Die Punkte sehen alle gleich aus. Ihr seht nur noch die Stückzahl.

Pablo zählt immer die Stückzahl 2.

Verbinde die Stückzahl mit jedem Punkt.

1

Schreibe die Ziffern nach.

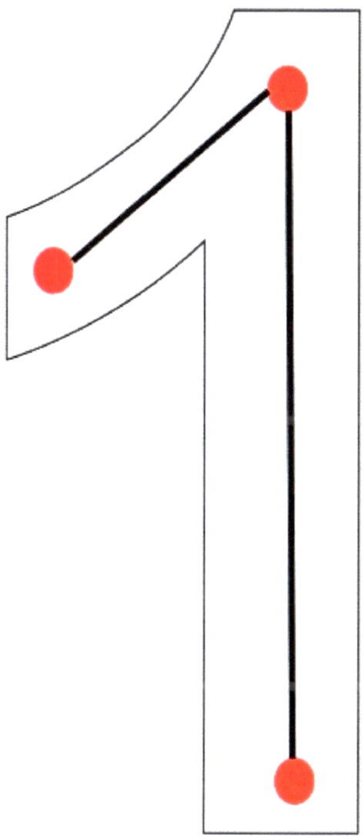

1 1 1 1 1 1

2

Schreibe die Ziffern nach.

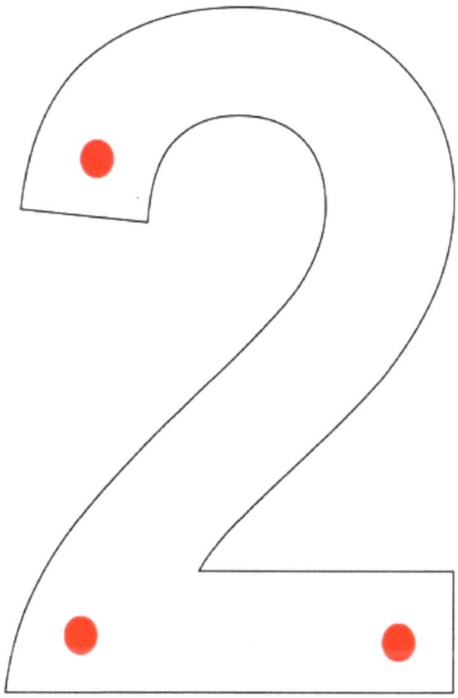

2 2 2 2 2 2

3

Schreibe die Ziffern nach.

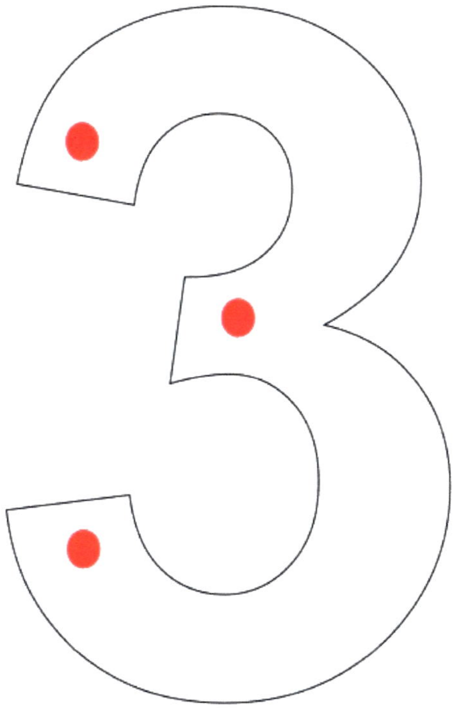

3 3 3 3 3 3

4

Schreibe die Ziffern nach.

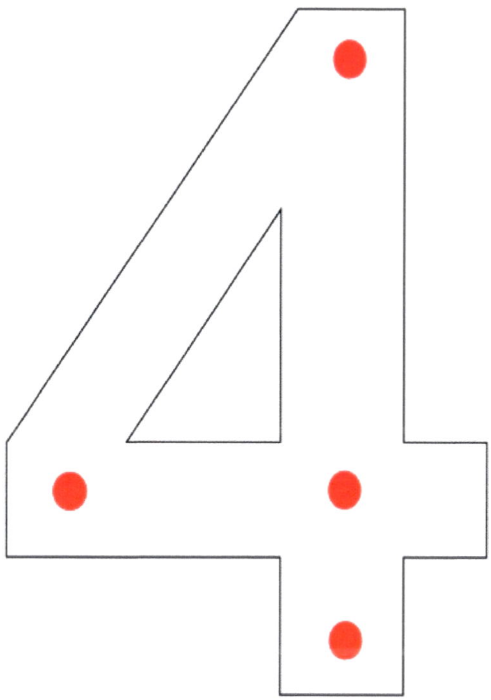

4 4 4 4 4 4

5

Schreibe die Ziffern nach.

5 5 5 5 5 5

6

Schreibe die Ziffern nach.

6 6 6 6 6 6

7

Schreibe die Ziffern nach.

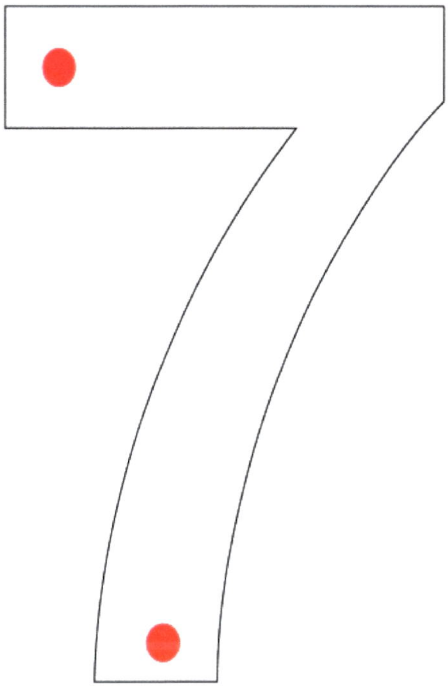

7 7 7 7 7 7

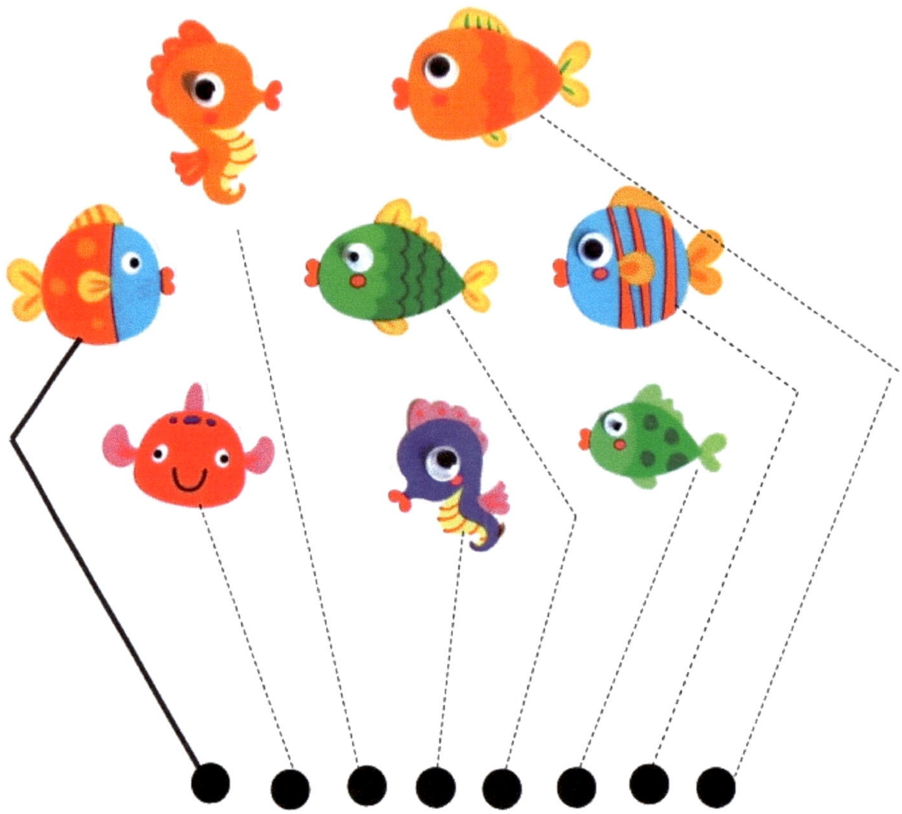

8

Schreibe die Ziffern nach.

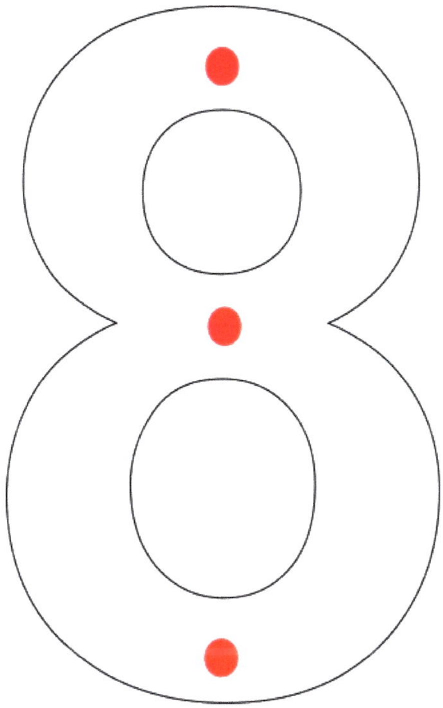

8 8 8 8 8 8

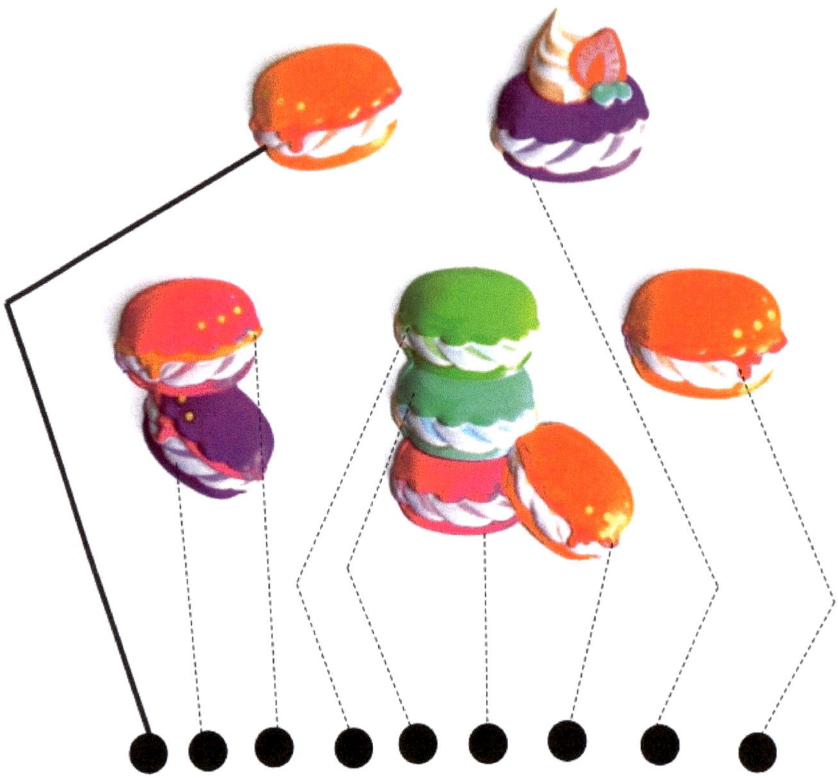

9

Schreibe die Ziffern nach.

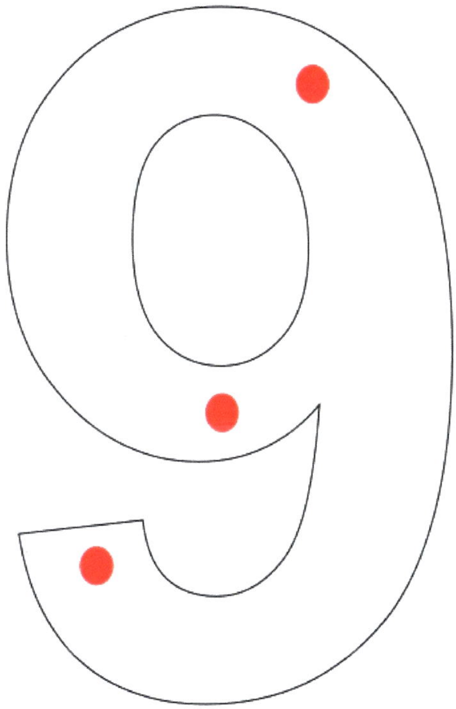

9 9 9 9 9 9

10

Schreibe die Ziffern nach.

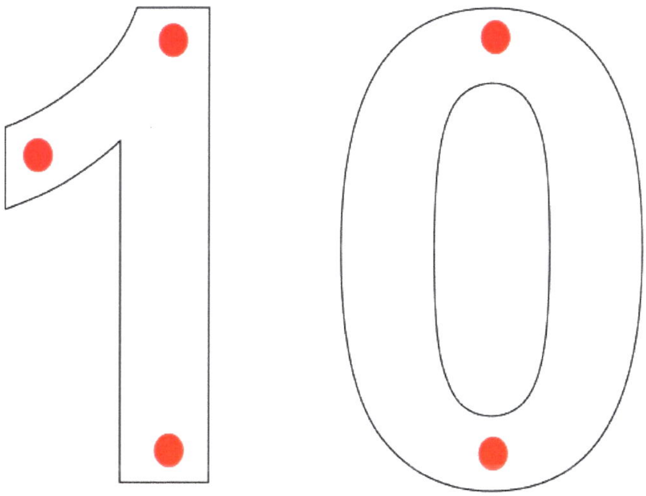

10 10 10 10 10

Weißhörnchen gibt den Kindern Hausaufgaben auf:

Die Kinder haben z. B. aus Katalogen Abbildungen ausgeschnitten. Sie zählen die Stückzahl.

Sie zählen die Treppenstufen.
Sie zählen das Taschengeld.
Sie zählen die Schokoladenstücke von einer Tafel Schokolade.

Sofia zählt die Ostereier.
Paul zählt, wie viele Orangen in ein Glas passen.

1

Schneide Abbildungen aus Katalogen aus und zähle sie.

2

Schneide Abbildungen aus Katalogen aus und zähle sie.

Zähle die Autos und schreibe die Ziffern dazu.

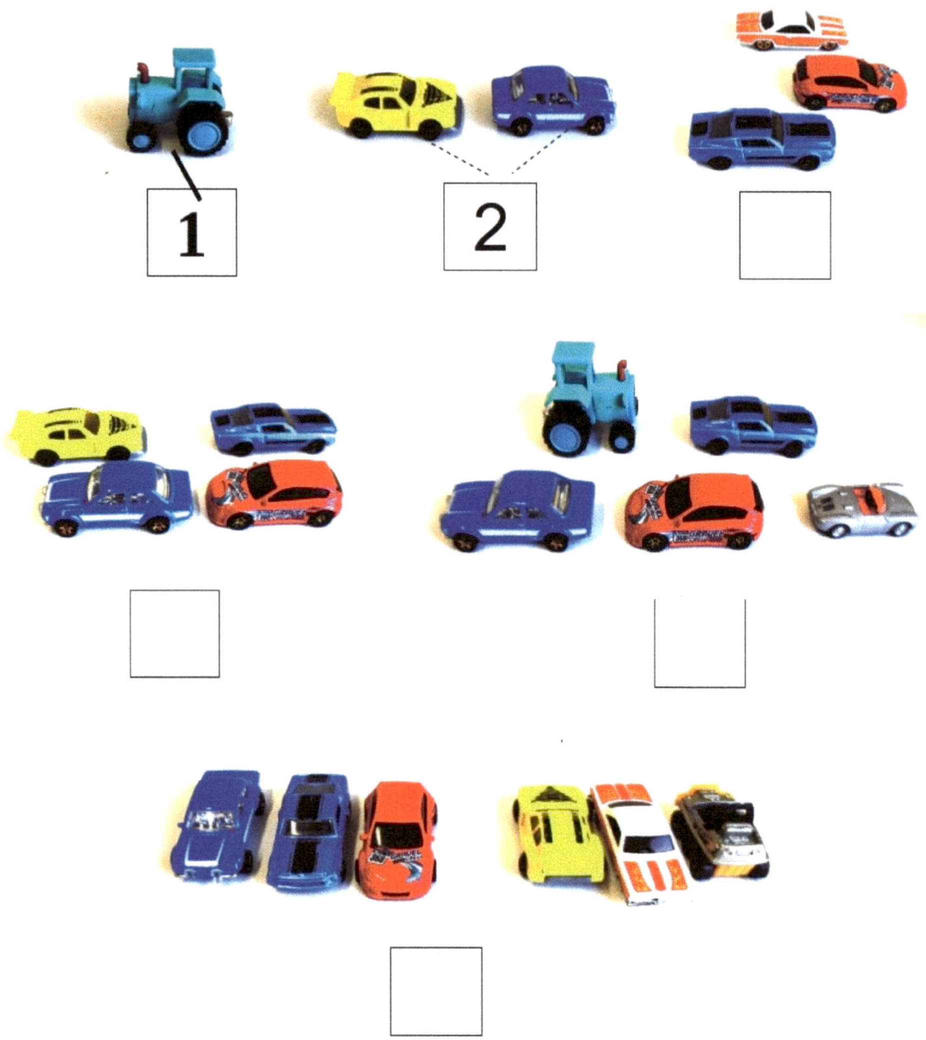

Zähle die Autos und schreibe die Ziffern dazu.

Zähle Euro und Cent.

3

Zähle Euro und Cent.

Symbolisiere die Stückzahl

Lehrer Weißhörnchen will nun wissen, ob sich die Kinder die Mengen von eins bis zehn im Kopf vorstellen können.

Er sagt:

„Wenn ich eine Zahl sage, schreibt ihr die Ziffer in den Kopf und zeichnet ein Symbol."

Symbolisiere die Stückzahl

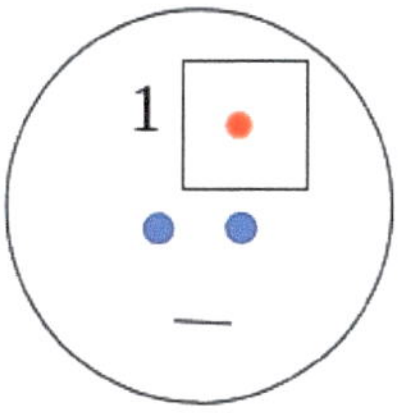

„eins“

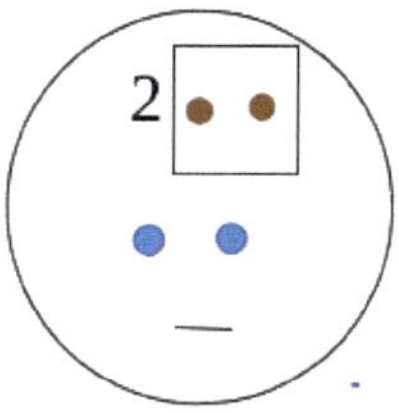

„zwei“

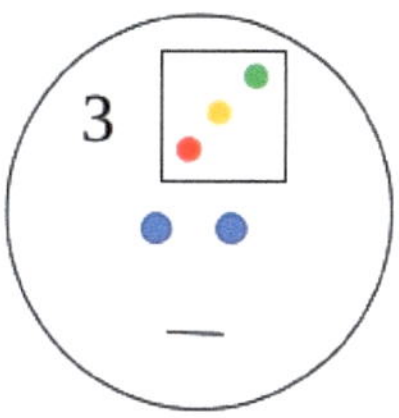

„drei“

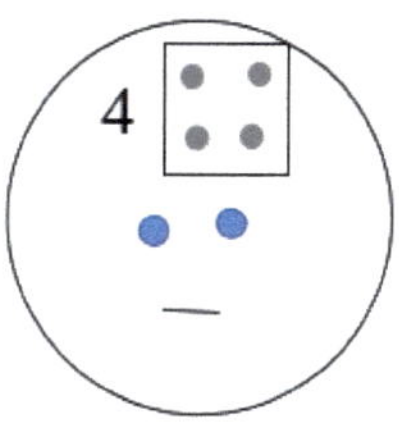

„vier“

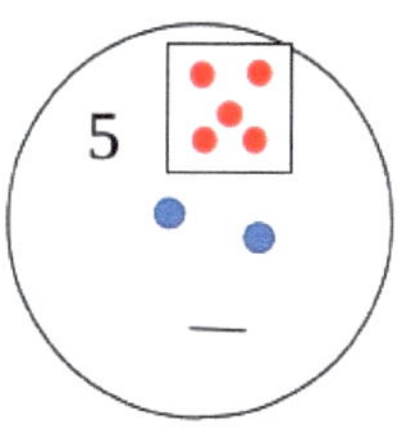

„fünf“

„sechs“

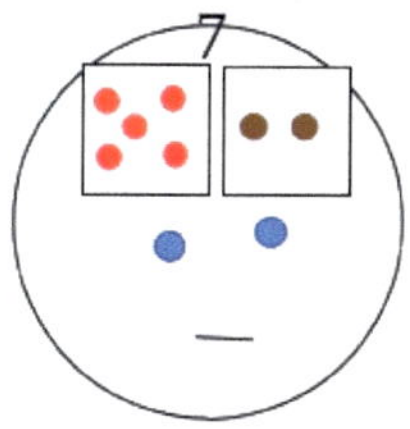

„sieben“

„acht“

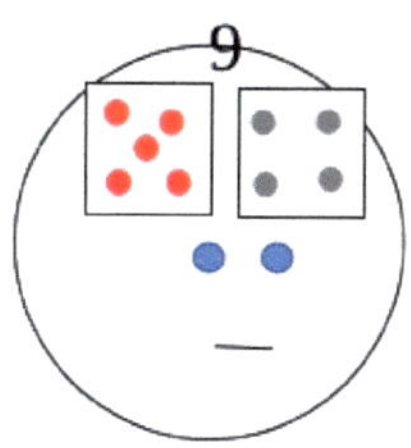

„neun“

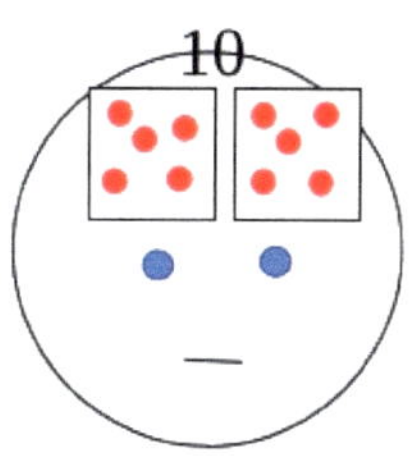

„zehn“

Symbolisiere die Stückzahl

Unter dem Teller steht eine Ziffer. So viele Orangen darfst du auf den Teller malen.

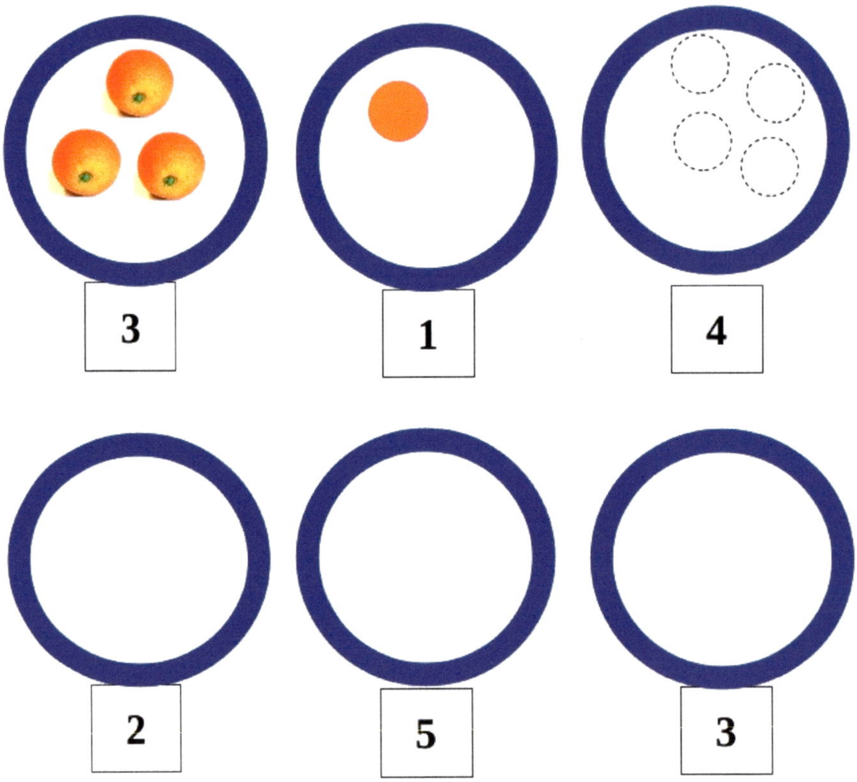

Symbolisiere die Stückzahl

Unter dem Teller steht eine Ziffer. So viele Äpfel darfst du auf den Teller malen.

1 3 4

2 1 5

Symbolisiere die Stückzahl

Unter dem Teller steht eine Ziffer. So viele Zitronen darfst du auf den Teller malen.

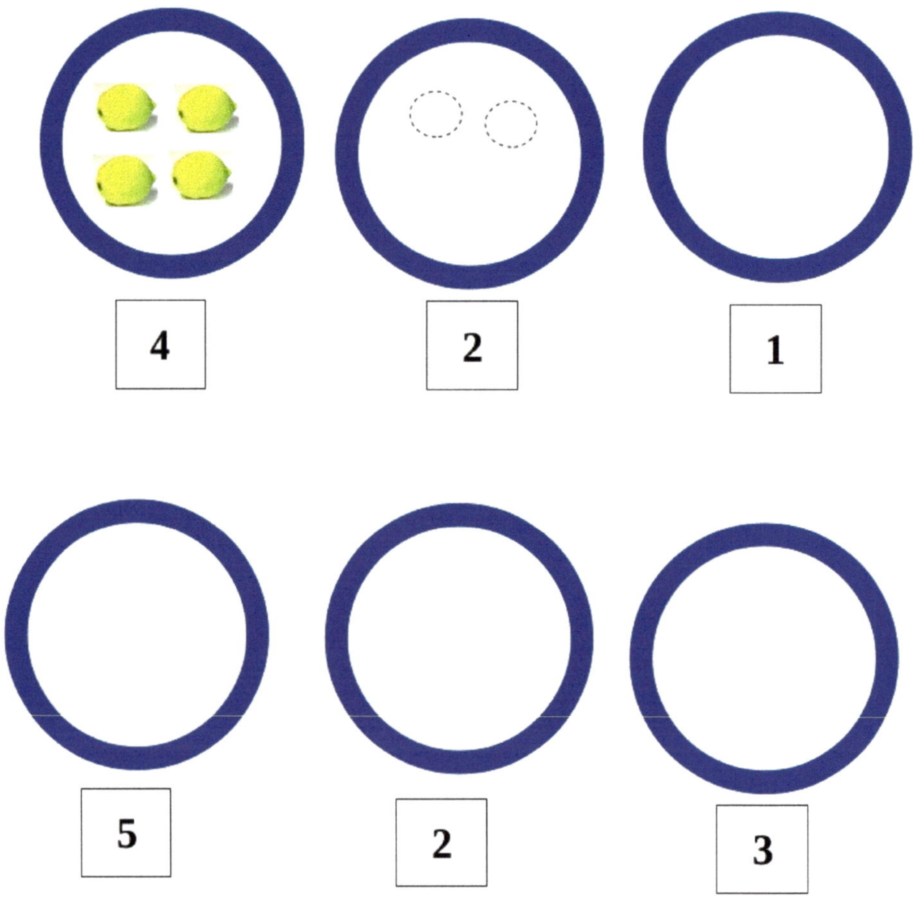

Symbolisiere die Stückzahl

Unter dem Teller steht eine Ziffer. So viele Birnen darfst du auf den Teller malen.

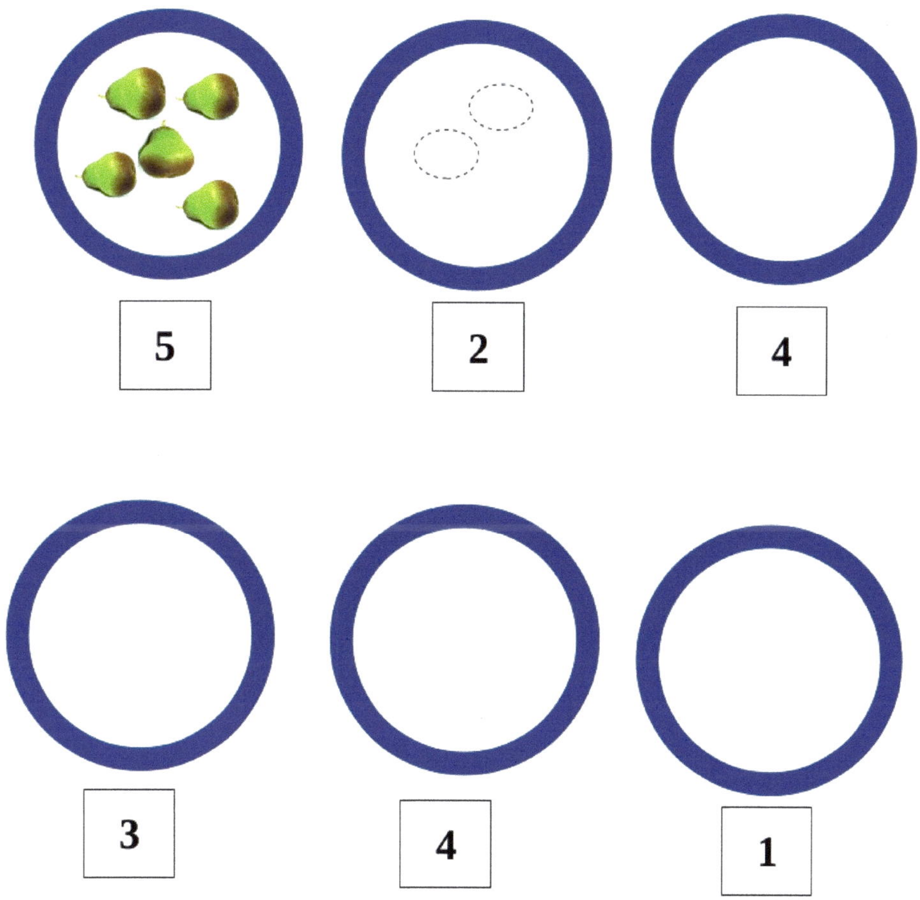

Symbolisiere die Stückzahl

Unter dem Teller steht eine Ziffer. So viele Trauben darfst du auf den Teller malen.

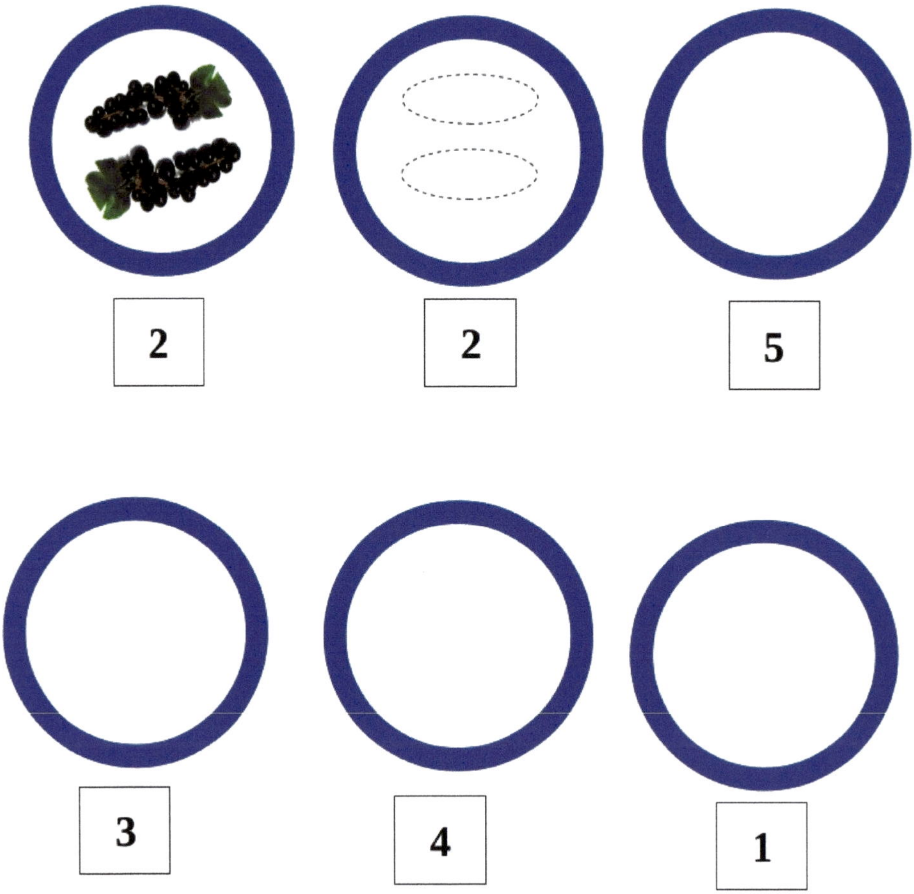

Symbolisiere die Stückzahl

Unter dem Teller steht eine Ziffer. So viele Bananen darfst du auf den Teller malen.

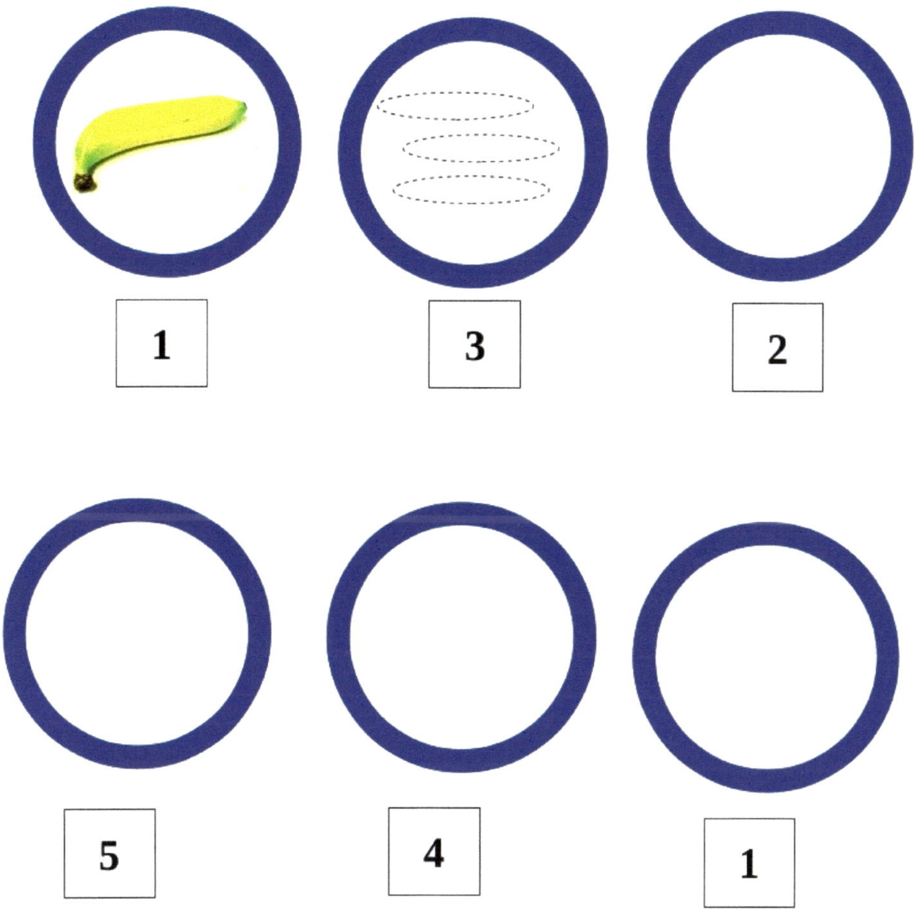

Symbolisiere die Stückzahl

Unter dem Teller steht eine Ziffer. So viele Kartoffeln darfst du auf den Teller malen.

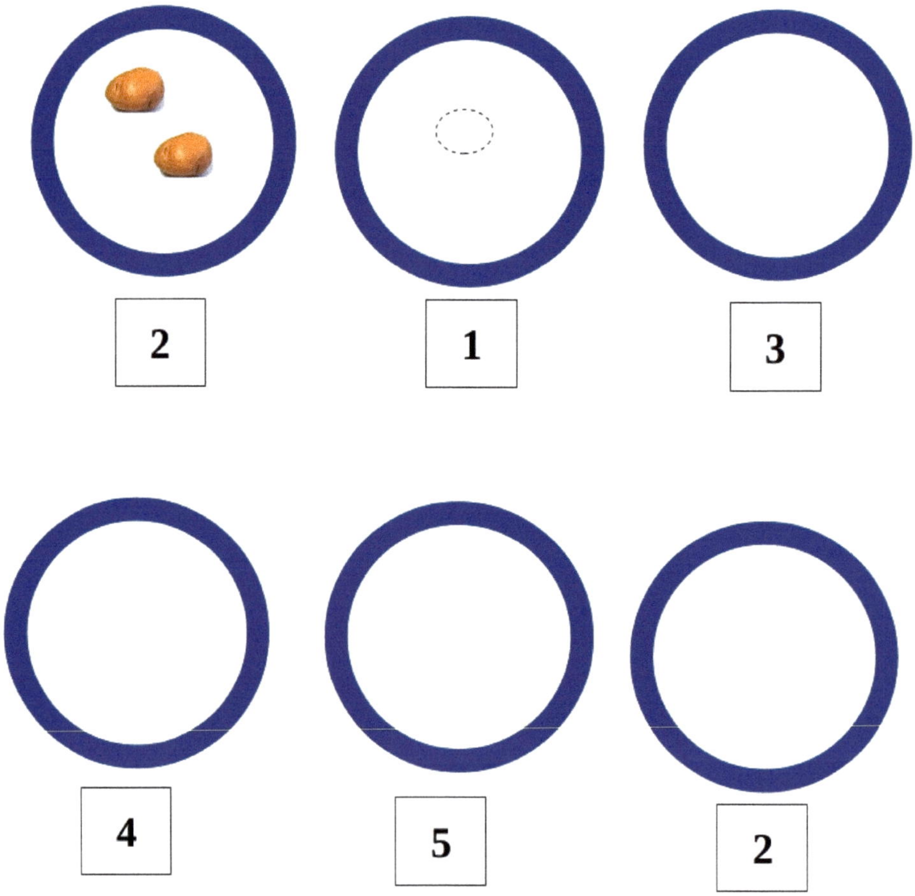

Symbolisiere die Stückzahl

Unter dem Teller steht eine Ziffer. So viele Möhren darfst du auf den Teller malen.

5

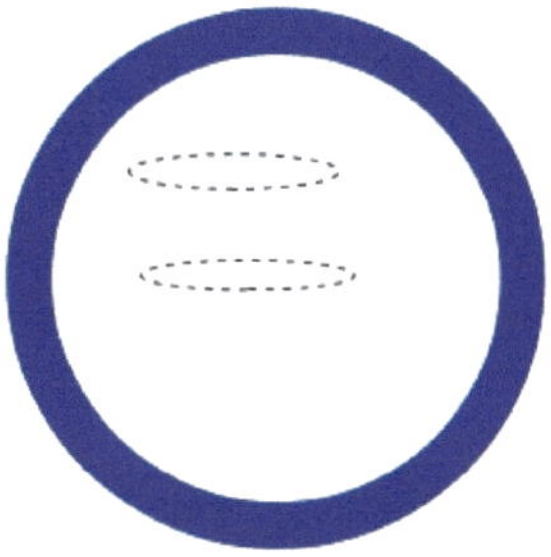

2

5

3

4

1

Symbolisiere die Stückzahl

Unter dem Teller steht eine Ziffer. So viele Paprika darfst du auf den Teller malen.

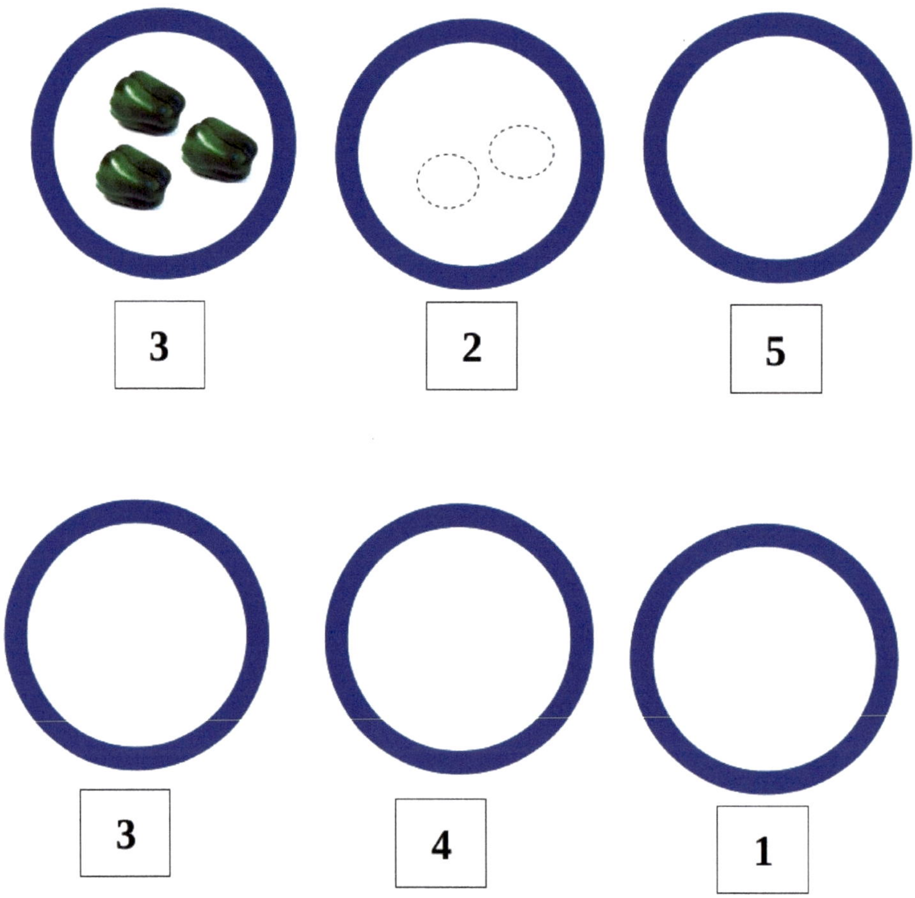

Symbolisiere die Stückzahl

Unter dem Teller steht eine Ziffer. So viele Tomaten darfst du auf den Teller malen.

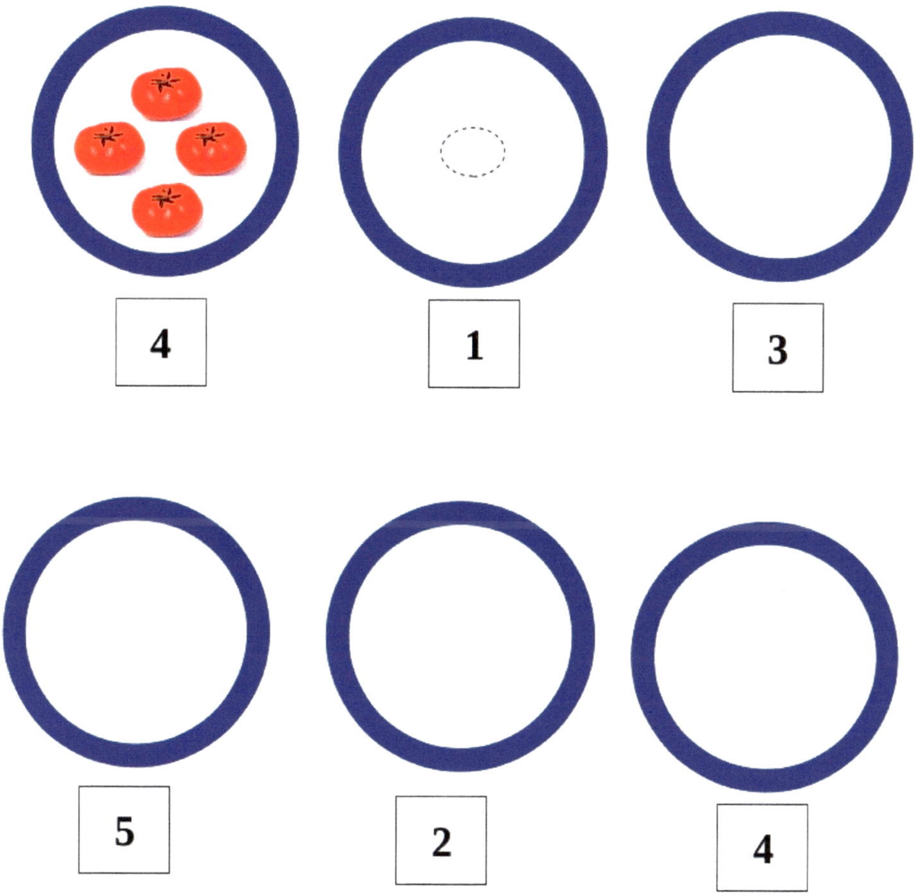

Symbolisiere die Stückzahl

Unter dem Teller steht eine Ziffer. So viele Gurken darfst du auf den Teller malen.

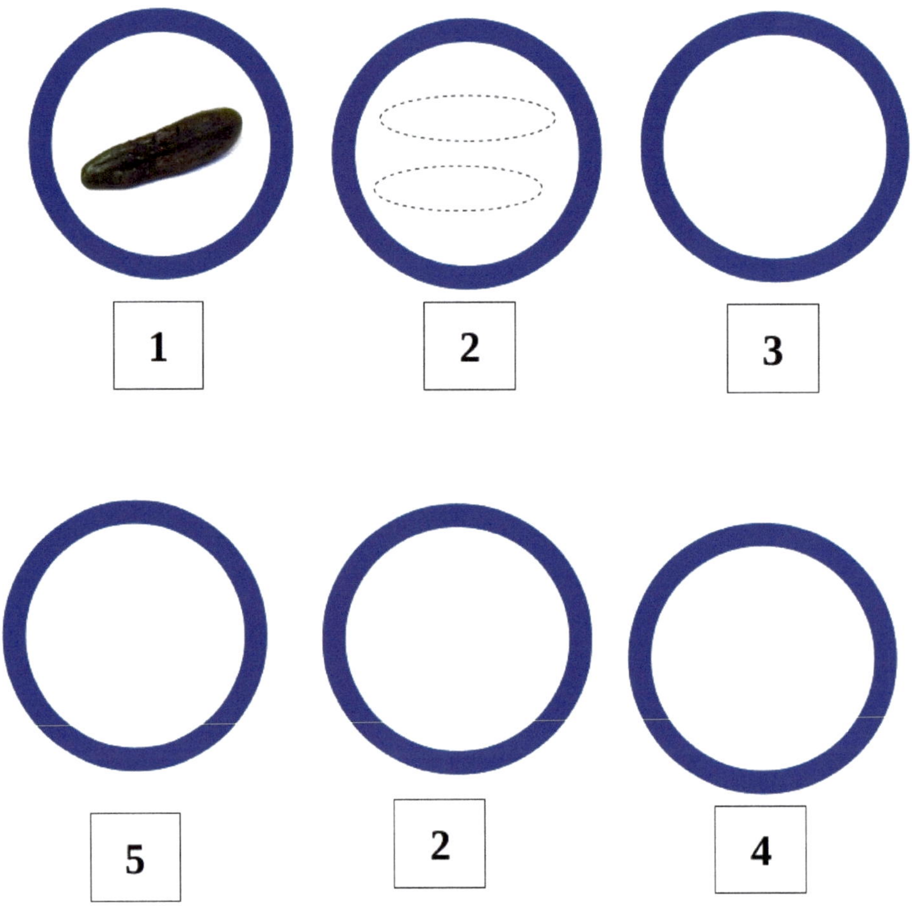

Symbolisiere die Stückzahl

Unter dem Teller steht eine Ziffer. So viele Zwiebeln darfst du auf den Teller malen.

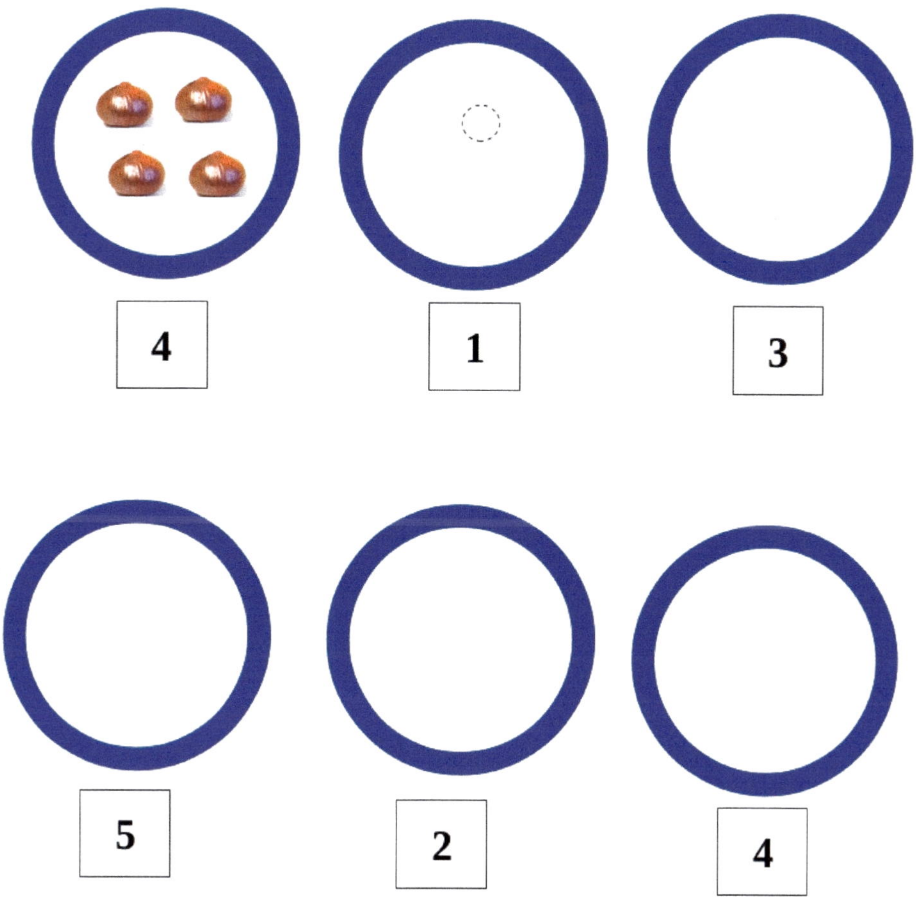

Vergleiche die Stückzahl

Vergleiche die Menge der Euro, die ein Kind hat.
Paul zeigt auf das rechte Gesicht. „ Der ist traurig.“

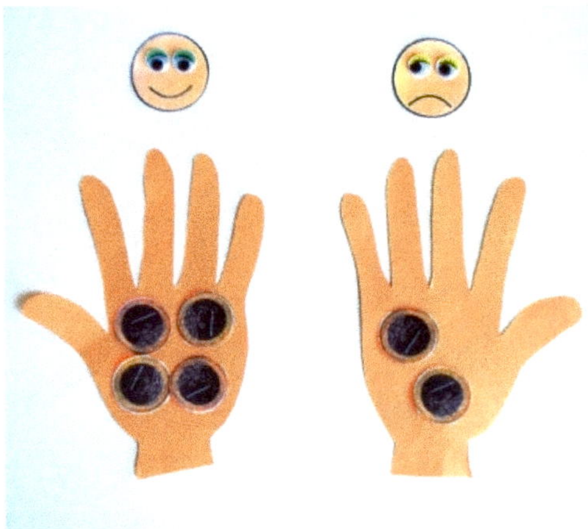

4	>	2

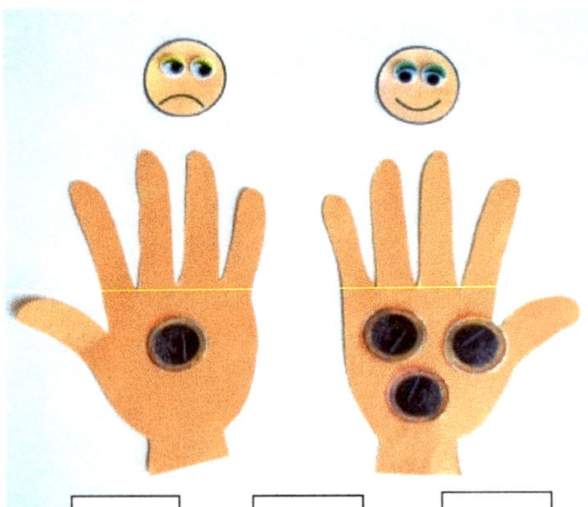

Vergleiche die Stückzahl

Vergleiche die Menge der Euro, die ein Kind hat.

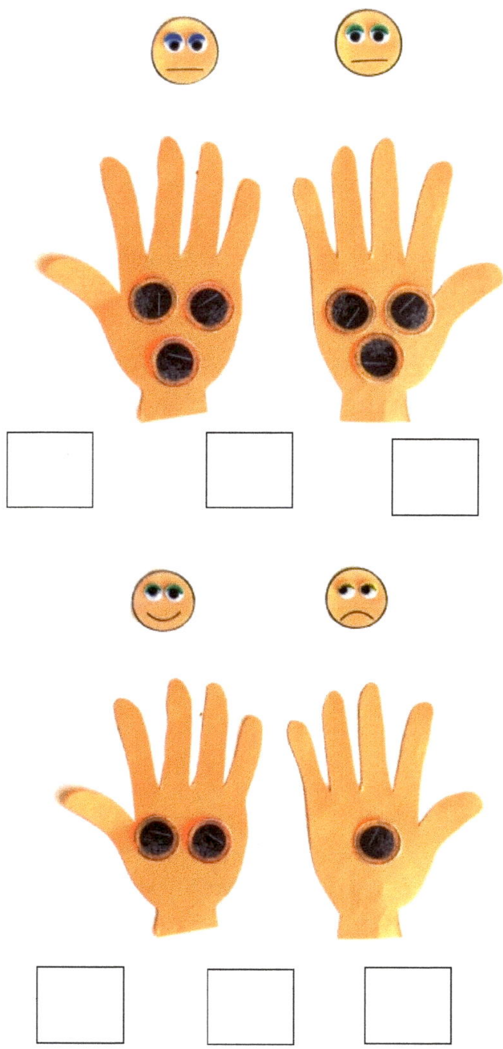

Vergleiche die Stückzahl

Vergleiche die Menge der Euro, die ein Kind hat.

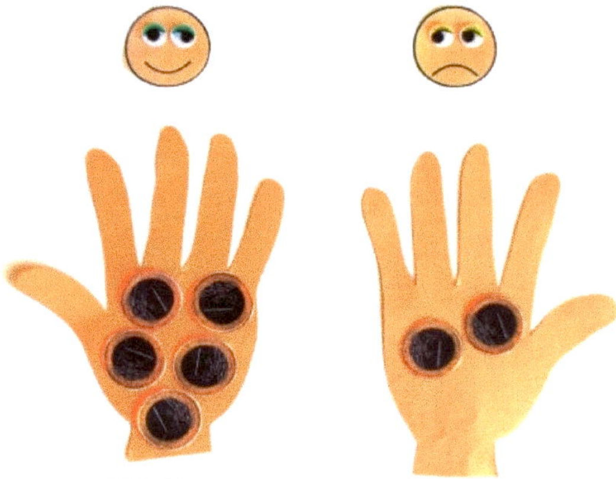

5	>	2

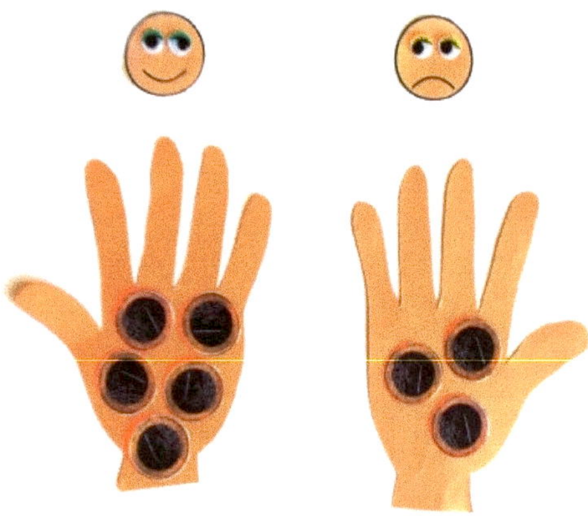

Vergleiche die Stückzahl

Vergleiche die Menge der Euro, die ein Kind hat.

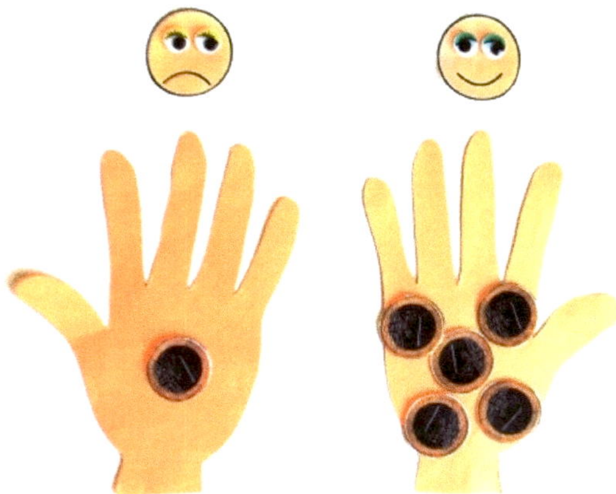

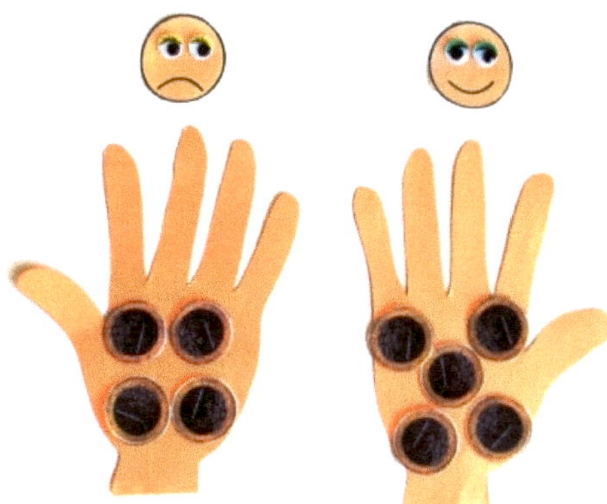

Vergleiche die Stückzahl

Vergleiche die Menge der Euro, die ein Kind hat.

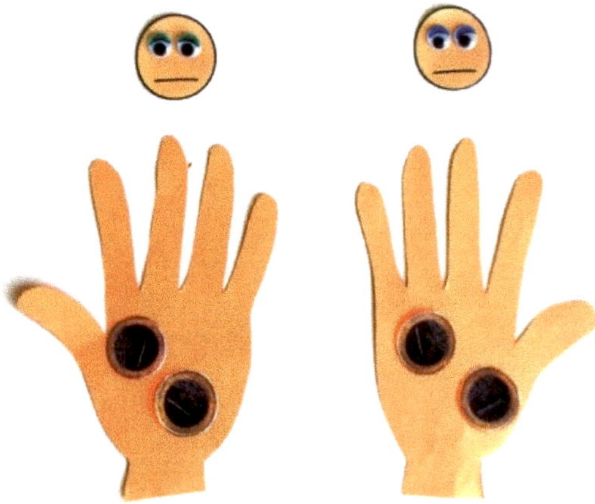

2 = 2

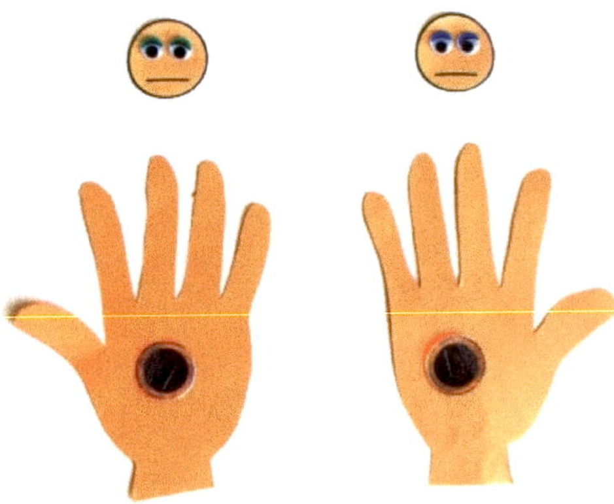

Vergleiche die Stückzahl

Vergleiche die Menge der Euro, die ein Kind hat.

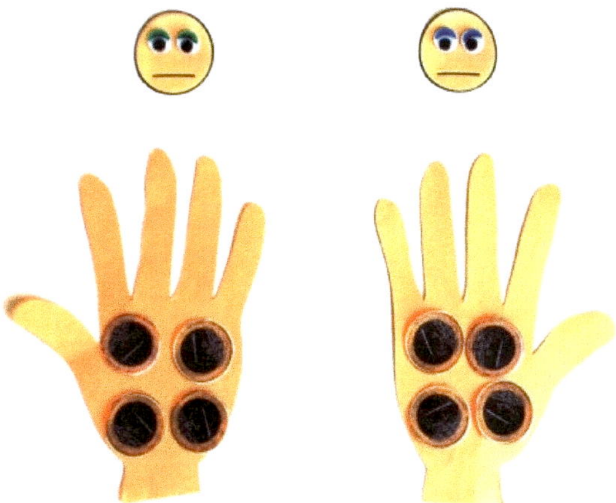

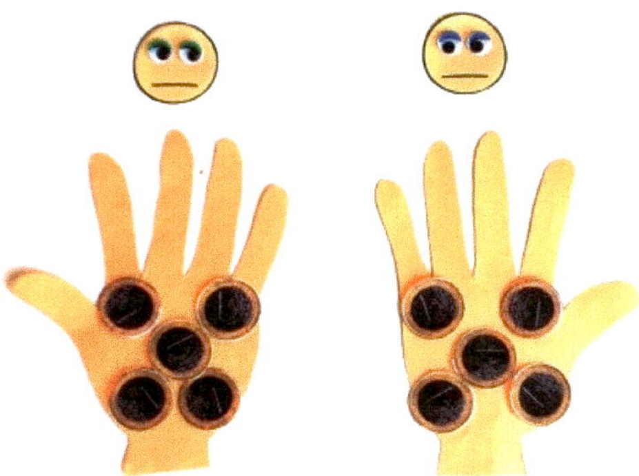

Multiplikation

mal • tun

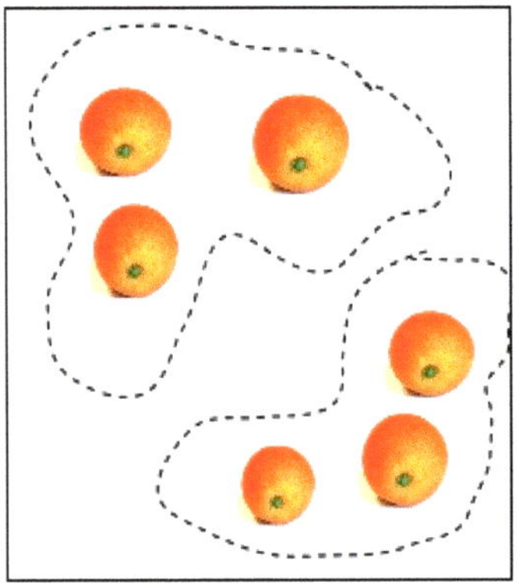

Male 3 Stück
Apfelsinen
in ein Bündel

2 mal • 3 = 6

In einem
Taschenbündel
sind **3** Stück
Kastanien
Nimm 2 mal ein Bündel

2 mal • 3 = 6

2 mal •  = 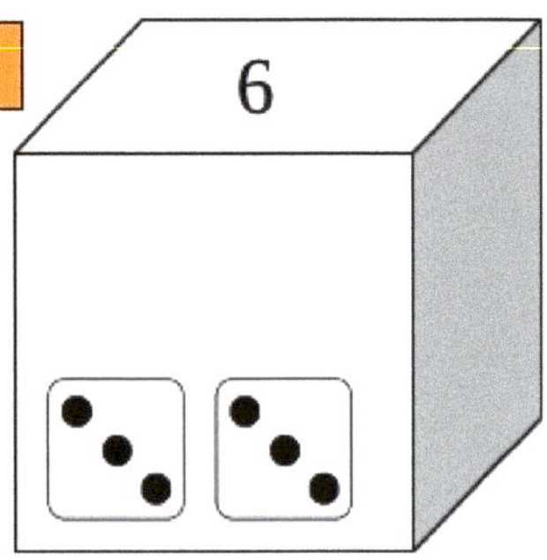

Sofia bündelt 2 Orangen in ein Netz und 3 Tomaten in ein Netz.

Weißhörnchen gibt den Kindern Hausaufgaben auf:

Sie spielen Wochenmarkt.

Sie legen in jeden Eierkarton 6 Eier.

Sie füllen in jeden Sack 10 Kartoffeln.

Für ein Bund Zwiebeln nehmen sie 8 Stück.

Ein Blumenstrauß besteht immer aus 7 Blumen.

Die Kinder füllen die folgenden Arbeitsblätter aus.

SUPER

In jeder Tasche sind 3 Stück Kastanien.
Wie viele Kastanien hat Rothörnchen?

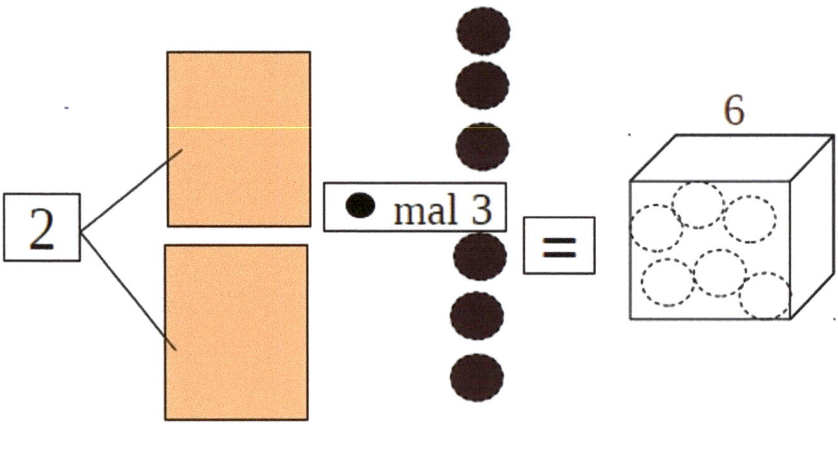

In jede Tasche legt Rothörnchen 2 Kastanien.

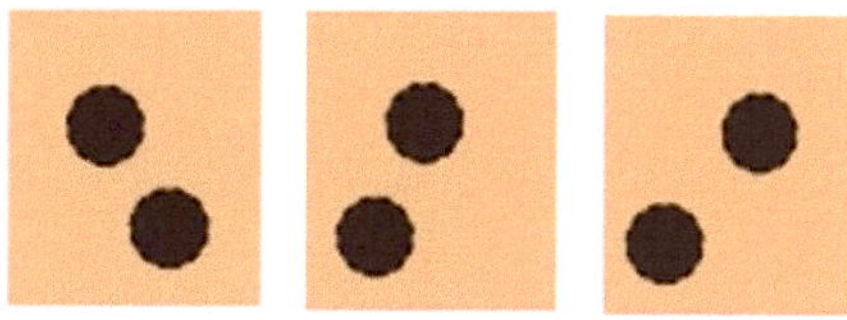

In jede Tasche legt Rothörnchen 3 Walnüsse.

Rothörnchen und Grauhörnchen kaufen Chips. Sie haben 2 Taschen.
In jede Tasche legen sie 4 Chips.

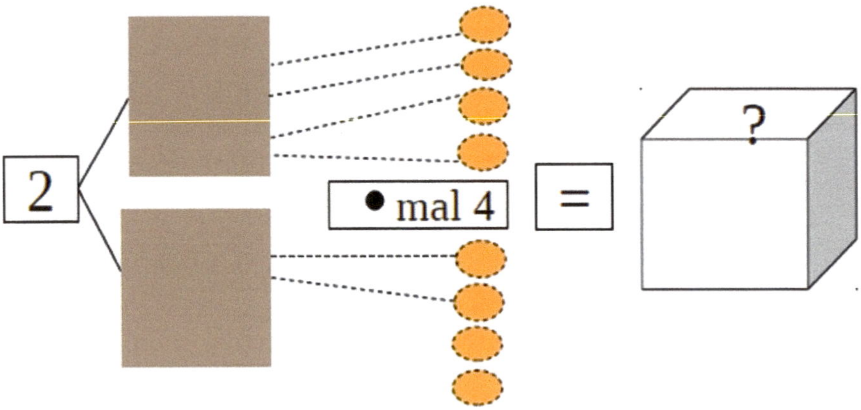

Pablo zählt die Chips, die in den 2 Taschen waren und schüttet sie in einen Karton.

2 mal 4 =

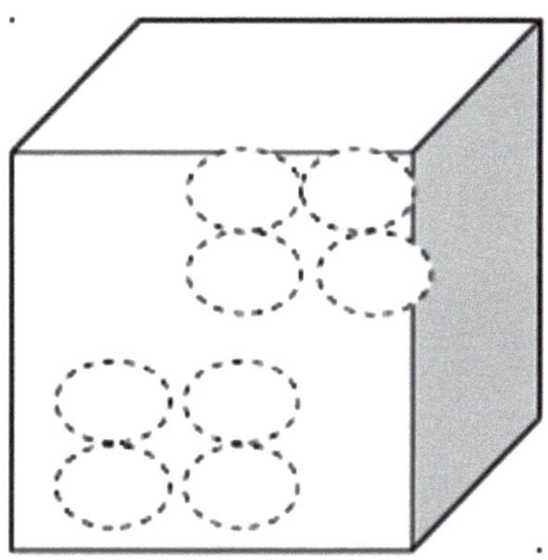

$2 \bullet 4 = \square$

Über den Kästen steht eine Ziffer. Kreise ein.

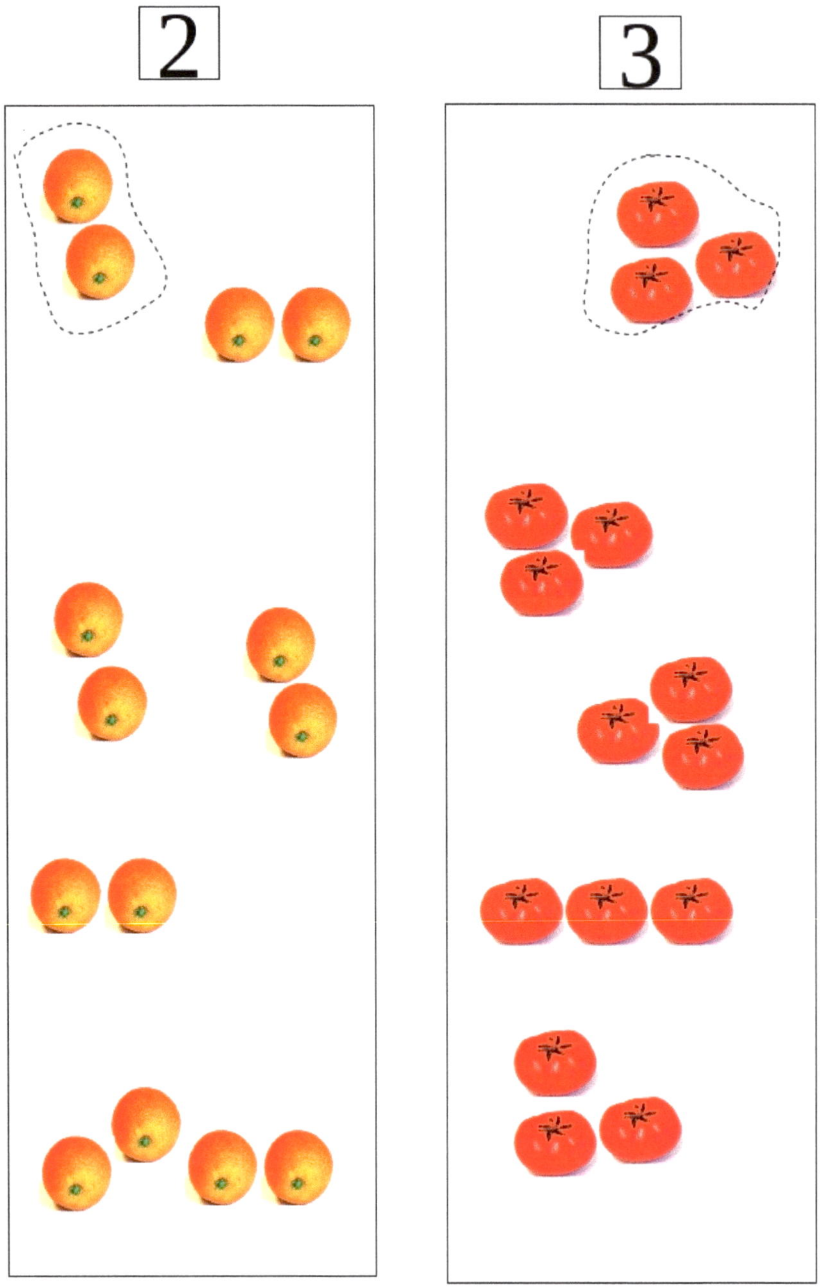

Über den Kästen steht eine Ziffer. Kreise ein.

4

5

Über den Kästen steht eine Ziffer. Kreise ein.

2

3

Über den Kästen steht eine Ziffer. Kreise ein.

4

5

Oma hat 4 Enkelkinder.

Jedes bekommt 2 Euro.

Wie viele Euro hat Oma verschenkt?

4 • 2= ☐

Zusammen hat Oma den Kindern ☐ Euro geschenkt.

Das Einmal 2

Das Einmal 2 als und + tun:

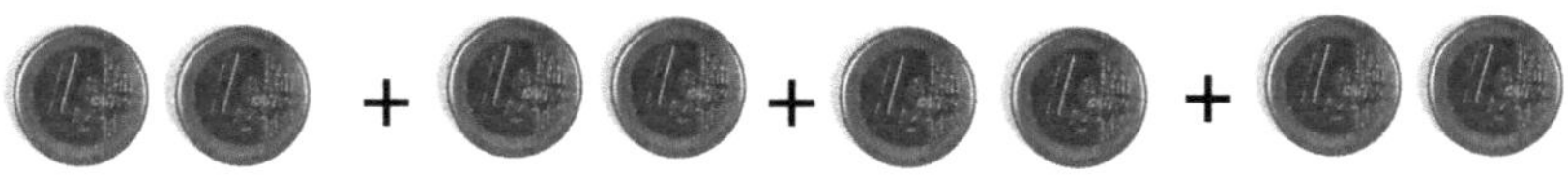 = 8

2 + 2 + 2 + 2 = 8

Das Einmal 2 als noch mal • tun:

1 •  = 2

2 •  = 4

3 •  = 6

4 •  = 8

5 •  = 10

6 •  = 12

7 •  = 14

8 •  = 16

9 •  = 18

10 •  = 20

Division

geteilt **:** tun

4 Kinder verteilen 8 Steine.

Jedes Kind bekommt gleich viele Steine.

Rothörnchen und Grauhörnchen verteilen Erdnüsse und Haselnüsse.

Die Kinder rechnen

8 : 4 = ☐

= ☐

Die Lösung ist:

Jedes Kind bekommt ☐ Steine

Lena malt die Steine, die jeder bekommt, in ihr Arbeitsblatt.

Die Kinder rechnen 4 : 4 = ☐

Die Lösung ist:

4 : 4 = ☐

Die Kinder rechnen 7 : 4 = ☐

Die Lösung ist:

7 : 4 = ☐ Rest 

Die Kinder rechnen 17 : 4 = ☐

Die Lösung ist:

17 : 4 = 

Die Kinder rechnen 15 : 4 = ☐

15 : 4 = 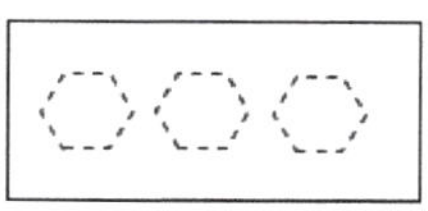 Rest 

Weißhörnchen gibt den Kindern Hausaufgaben auf:

Die Kinder verteilen z. B. Nüsse, Kekse, Glassteine, Chips, Euro, Cent, Gummibärchen.

Laurenz verteilt Glassteine.

Sie füllen die Arbeitsblätter aus, die sie von der Schule mit nach Hause genommen haben.

Wie viele Nüsse bekommt ein Eichhörnchen?

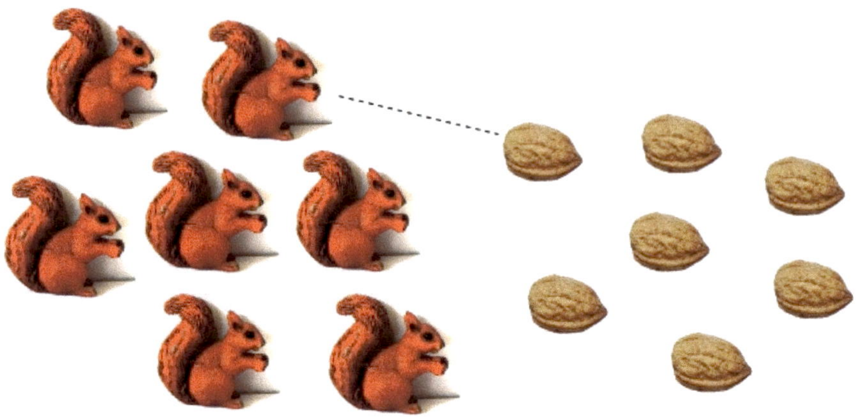

7 : 7 = 1

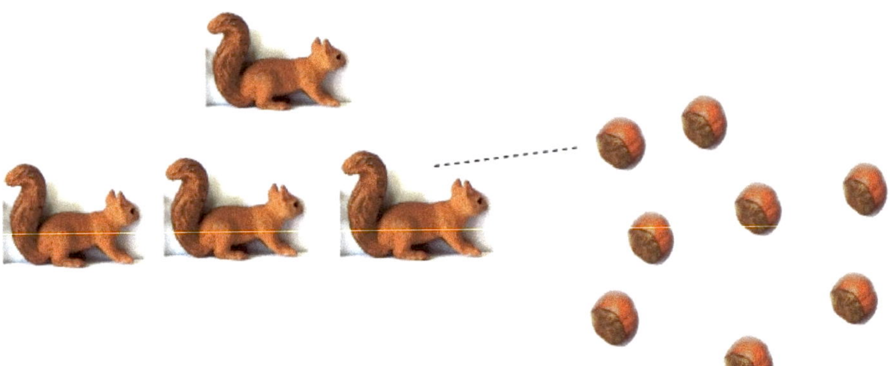

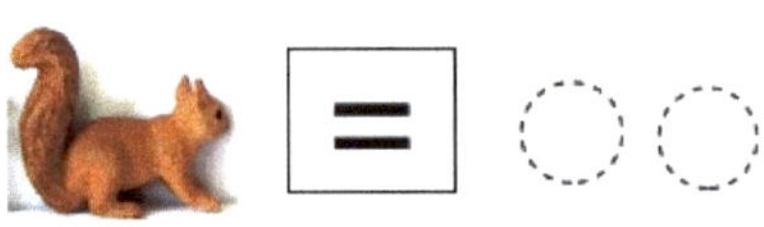

8 : 4 = ☐

Wie viele Autos bekommt ein Kind?

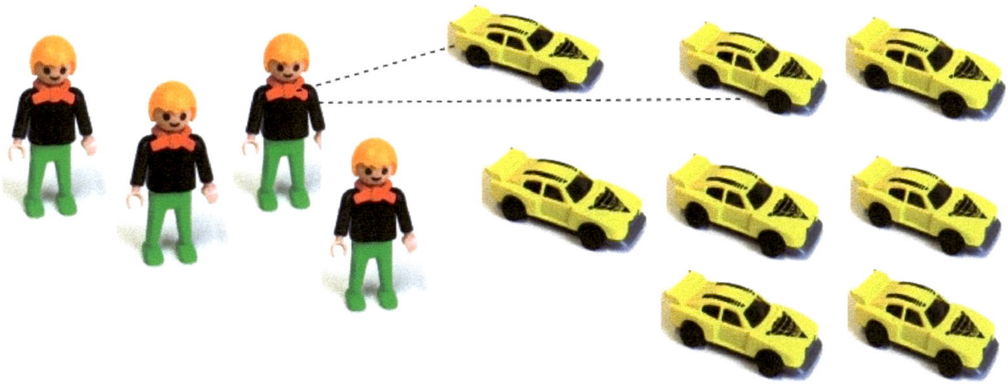

8 : 4 = ☐

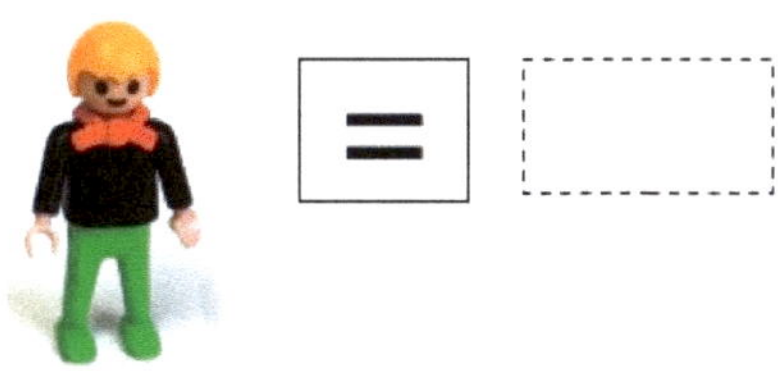

5 : 5 = ☐

Wie viele Bärchen bekommt ein Kind?

 =

$14 : 7 =$ ☐

 =

$4 : 4 =$ ☐

Wie viele Blumen bekommt eine Biene?

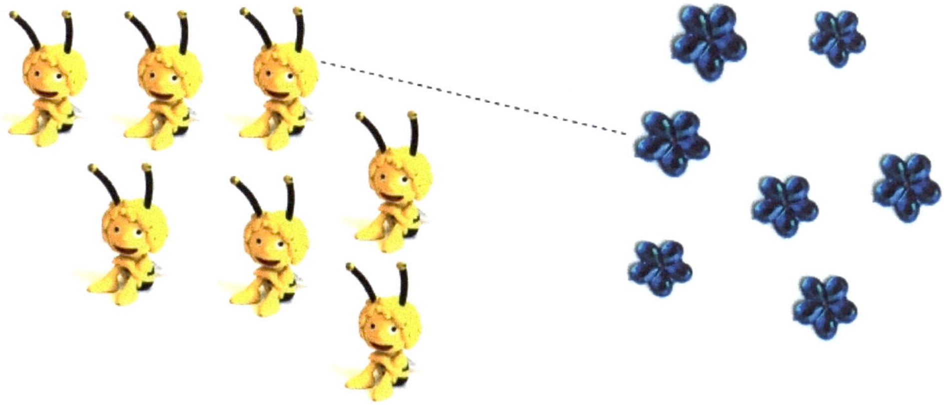

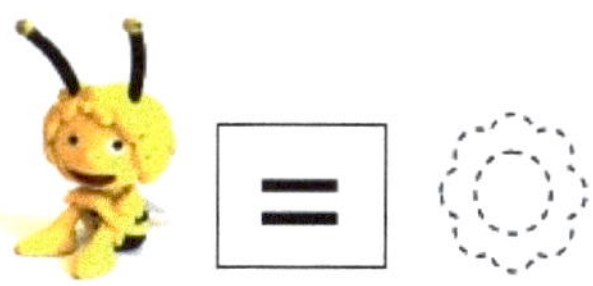

7 : 7 = ☐

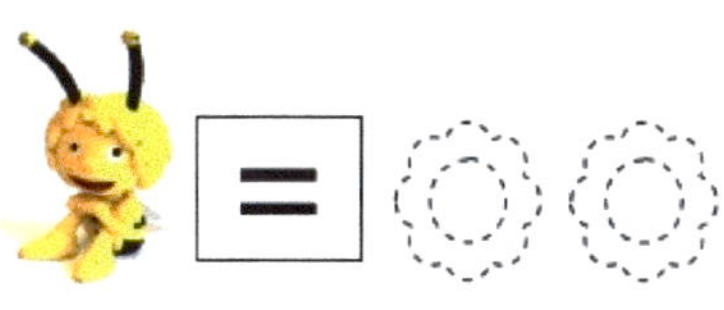

10 : 5 = ☐

Wie viele Euro braucht Oma, wenn sie jedem von ihren 4 Enkelkindern 2 Euro gibt?

$\square : 4 = 2$

Oma braucht für ihre 4 Enkelkinder 8 Euro, wenn sie jedem 2 Euro schenkt.

Das geteilt durch 2

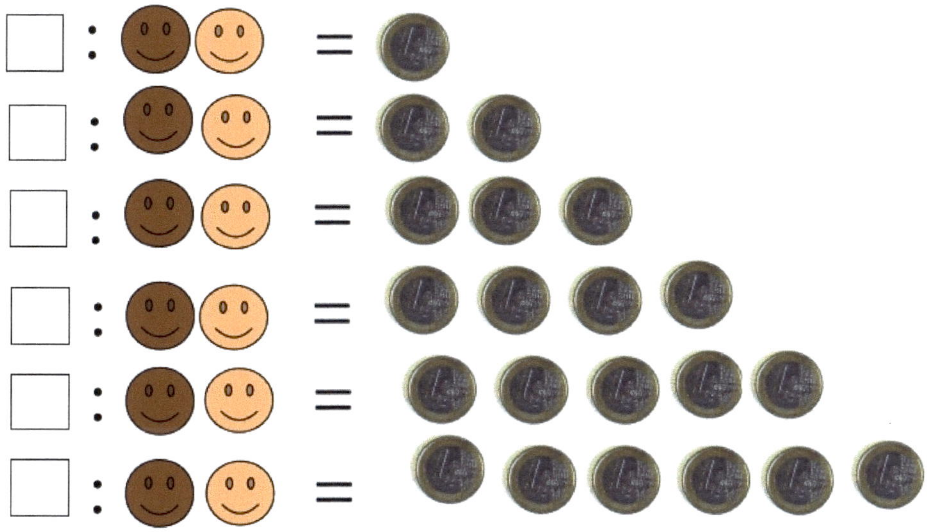

□	:	2	=	1	□	:	2	=	6
□	:	2	=	2	□	:	2	=	7
□	:	2	=	3	□	:	2	=	8
□	:	2	=	4	□	:	2	=	9
□	:	2	=	5	□	:	2	=	10

Substraktion

weg – tun

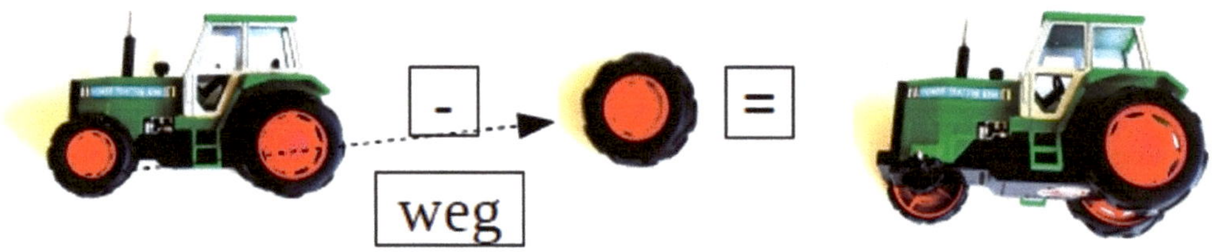

Am Trecker sind 4 Räder.

Jon macht 1 Rad ab.

Er schaut es sich genau an.

Jetzt hat der Trecker nur noch 3 Räder.

4 – 1 = 3

Paul, Katja und Grauhörnchen essen eine Salzstange. Wie viele Salzstangen lagen vorher auf dem Teller? Die Aufgabe heißt:

Frage: ? - 3 = 4

Lösung: [7] - 3 = 4

Weißhörnchen sagt: „Ihr lernt nun weg-tun.

Hier liegen 5 Salzstangen.“ Grauhörnchen isst eine Salzstange. Die Aufgabe heißt:

Frage: $5 - 1 = ?$

Lösung: $\square - 1 = 4$

Frage: 5 – 1 = ?

Lösung: ☐ – 1 = 4

Frage: $4 - 3 = ?$

Lösung: $\square - 3 = 1$

Wie viele Salzstangen bleiben übrig?

$7 - 0 = \square$

$7 - 1 = \square$

$7 - 2 = \square$

Wie viele Salzstangen bleiben übrig?

$7 - 3 = \square$

$7 - 4 = \square$

$7 - 5 = \square$

Weißhörnchen gibt den Kindern Hausaufgaben auf:

Paul löst die Aufgaben:

3 – 1 =

3 – 2 =

4 – 2 =

5 – 1 =

5 – 3 =

Das Sparschwein hilft ihm dabei.

Zu Hause füllen sie die Arbeitsblätter aus.

Wie viele Narzissen bleiben in der Vase?

$5 - 0 = \square$

$5 - 1 = \square$

$5 - 2 = \square$

$5 - 3 = \square$

$5 - 4 = \square$

Wie viele Perlen bleiben liegen?

$5 - 0 =$ ☐

$5 - 1 =$ ☐

$5 - 2 =$ ☐

$5 - 3 =$ ☐

$5 - 4 =$ ☐

Wie viele Euro bleiben liegen?

5 – 1 = ☐

5 – 2 = ☐

5 – 3 = ☐

5 – 4 = ☐

5 – 5 = ☐

Wie viele Euro sind im Sparschwein?

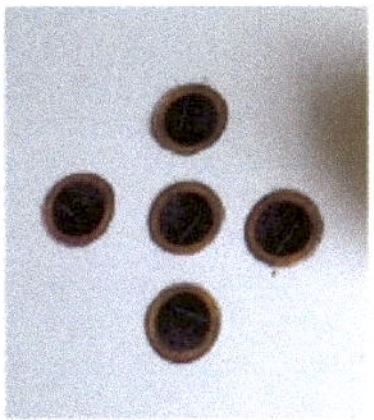 −  = 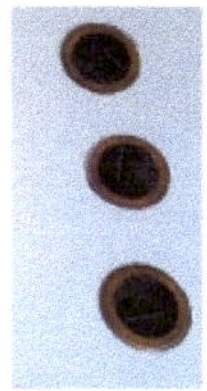

$5 - \square = 3$

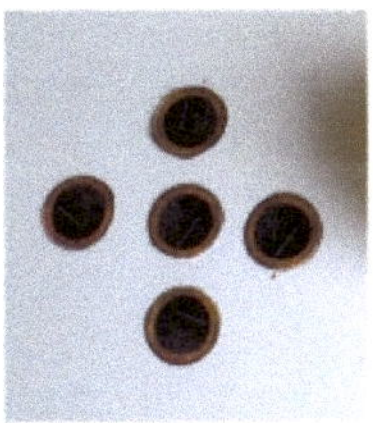 −  = 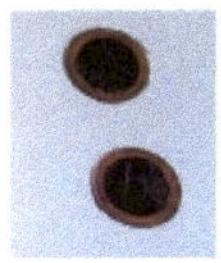

$5 - \square = 2$

 −  = 

$5 - \square = 1$

Frage: Wie viel wurde weggenommen?

 - ☐ = 

5 - ☐ = 3

 - ☐ = 

4 - ☐ = 2

 - ☐ = 

3 - ☐ = 2

 - ☐ = 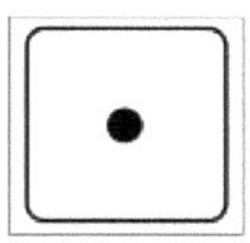

5 - ☐ = 1

Frage: Wie viel war vorher da?

__ -  = 

__ - 3 = 2

__ -  = 

__ - 2 = 2

__ -  = 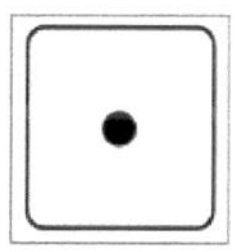

__ - 4 = 1

__ - 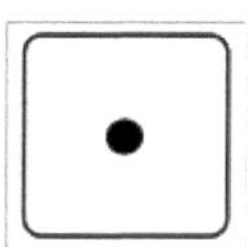 = 

__ - 1 = 2

Für viele Kinder ist 4 + 3 nicht einfach 7

Die meisten Kinder haben keine Mühe, den Sinn des Verteilens, des Bündelns und des Wegnehmens zu verstehen.

Nach unserer Erfahrung erkennen sie den Sinn der Addition nicht.

Marvin, 6 Jahre, sollte die Aufgabe 2 + 3 = ? lösen.

Ich hatte 2 Kartoffeln auf den Tisch gelegt und 3 Kartoffeln dazugelegt.

Er sollte sie zählen. Er verstand mich überhaupt nicht. Er nahm dann einen Kochtopf und sagte:

„Mama macht die Kartoffeln in den Topf." Als ich ihn fragte: „Wie viele Kartoffeln sind im Topf?" zählte er: „1,2,3,4,5".

Bei allen weiteren Aufgaben haben wir dann gespielt, dass seine Schwester Mona 2 Kartoffeln gesammelt hat und er 3 Kartoffeln. Die Mama legt nun **alle** Kartoffeln in den Topf. Dann zählt sie. Wir spielen die Aufgabe:

Marvin sagt: „Ich habe 3 Kartoffeln gesammelt. Dann lege ich das + Zeichen hin und sage: „Und Mona hat 2 Kartoffeln gesammelt." Dann kommt Mama und sagt: „Die müssen in einen Topf."

Das versteht Marvin. Er sagt: „Im Topf sind 5 Kartoffeln: von Mona 2 und von Marvin 3.

Dieses „und- tun" wird immer wieder mit verschiedenen Gegenständen geübt. Es wird immer nur die rechte Seite der Gleichung geübt:
2 + 3

Später lernen sie dann die Gleichung herzustellen.
2 + 3 = ?

Wir stellen 2 Töpfe auf den Tisch und sagen: „In jedem Topf müssen gleich viele Kartoffeln sein." Auf diese Weise lernen sie das Zeichen = als „gleichtun" zu benutzen.

Nun benötigen wir 5 **weitere** Kartoffeln.

Wenn die Kinder diese beiden Schritte begriffen haben, ist es ihnen möglich, alle weiteren Aufgaben auf diese Weise zu rechnen.

Addition

und + tun

Die Addition beginnt mit der symbolischen Handlung Kartoffeln kochen. Er sagt: „Mona hat 2 Kartoffeln. Ich habe 3 Kartoffeln."

Er wirft 2 in den linken Topf unter die 2.

Dann zeigt er auf das Plus + Zeichen.

Er spricht: „Und tun.“ Er nimmt 3 Kartoffeln und spricht: „ 3 Kartoffeln.“

Linus schüttet die symbolischen Kartoffeln in ein drittes Glas.

Das Glas symbolisiert den Kochtopf, in den die Mutter alle Kartoffeln zusammen schüttet.

Linus freut sich, dass alle Kartoffeln in den Topf passen. Er zählt die Kartoffeln ab. Es sind zusammen 5 Kartoffeln.

Frau Petersen legt neben den Topf mit den 5 Kartoffeln das Gleichheits = Zeichen. Linus sagt: „Gleichtun."

Er wirft 5 Kartoffeln in einen anderen Topf.

Er sagt: „5 gleich 5"

Gleich = tun und und + tun

2 + 3 = 5

☐ + ☐ = ☐

☐ + ☐ = ☐

Gleich = tun und und + tun

□ + □ = □

□ + □ = □

□ + □ = □

Gleich = tun und und + tun

\+ =

\+ =

\+ =

Gleich = tun und und + tun

☐ + ☐ = ☐

☐ + ☐ = ☐

☐ + ☐ = ☐

Gleich = tun und   und + tun

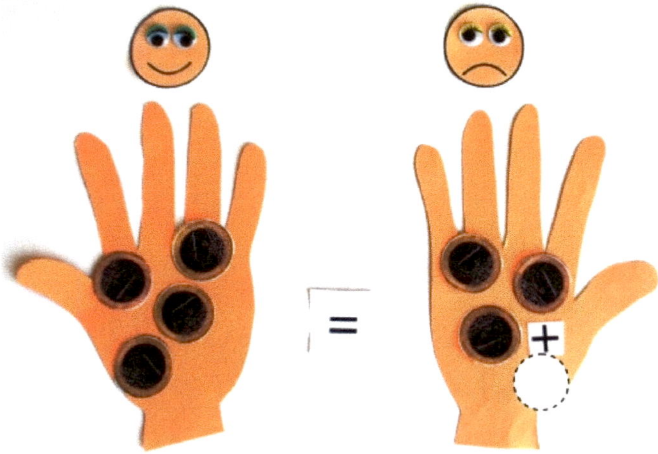

4 = 3 + 1

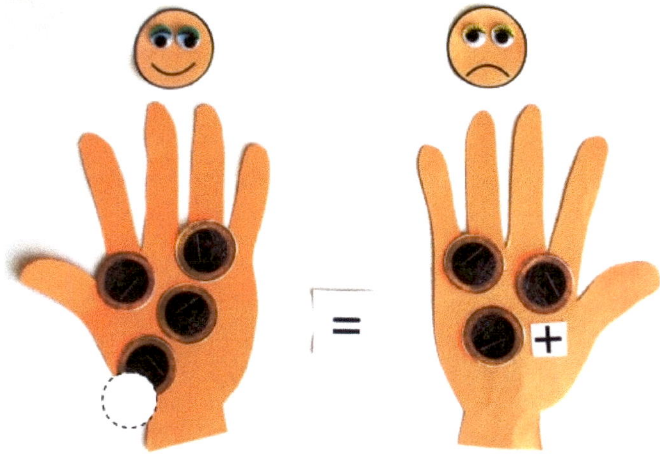

3 + 1 =

Gleich = tun und und + tun

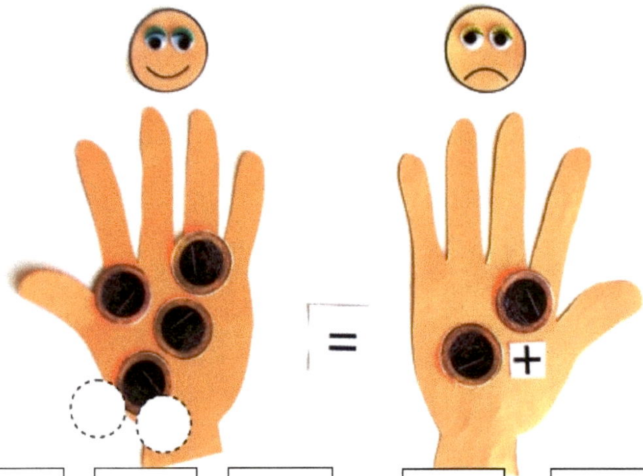

2	+		=	4

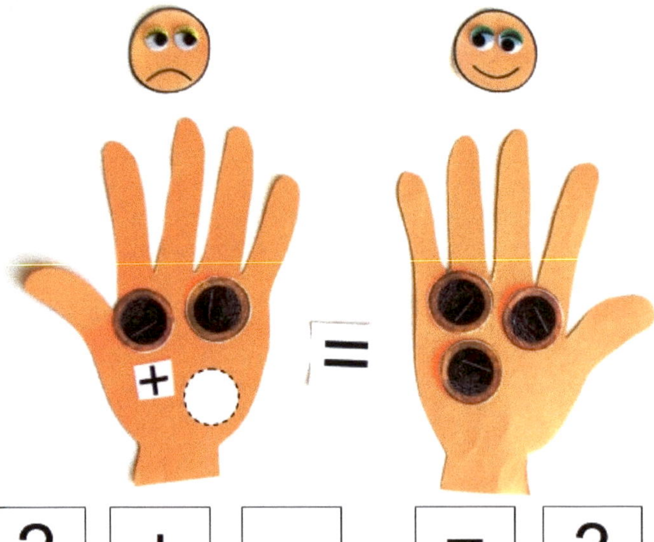

2	+		=	3

Gleich = tun und und + tun

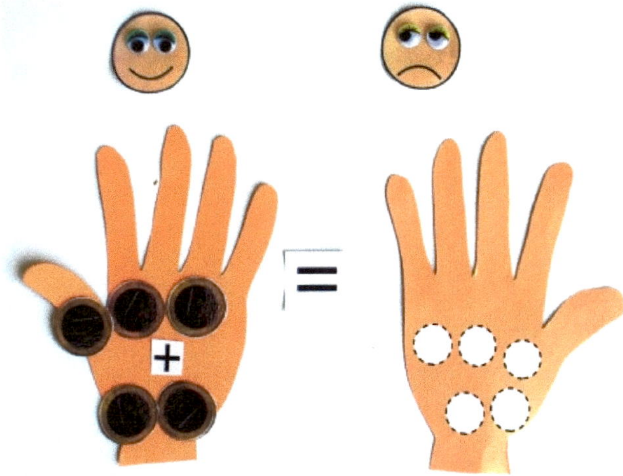

3	+	2	=	

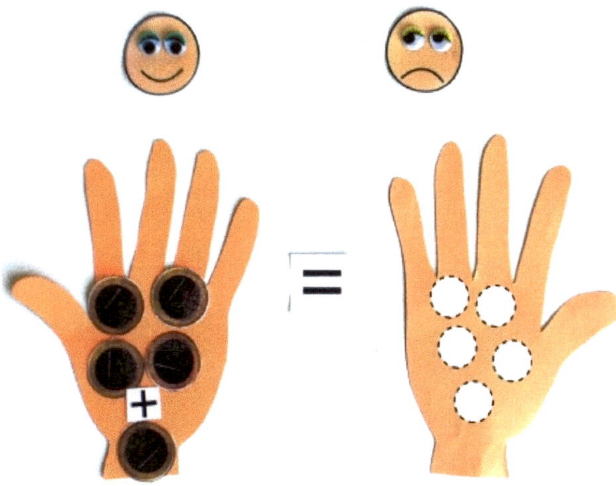

4	+		=	

Gleich = tun und und + tun

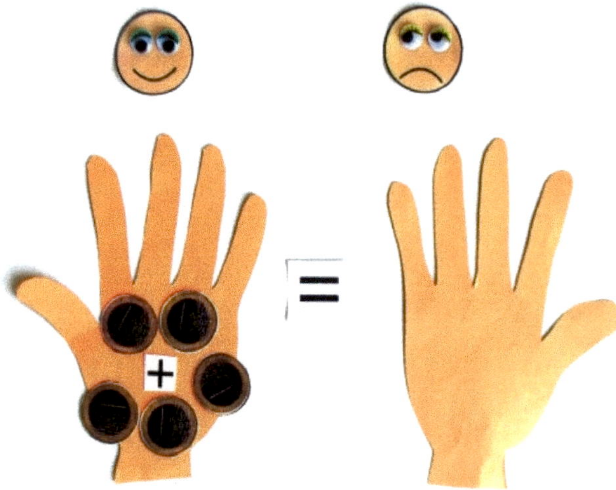

	+		=	

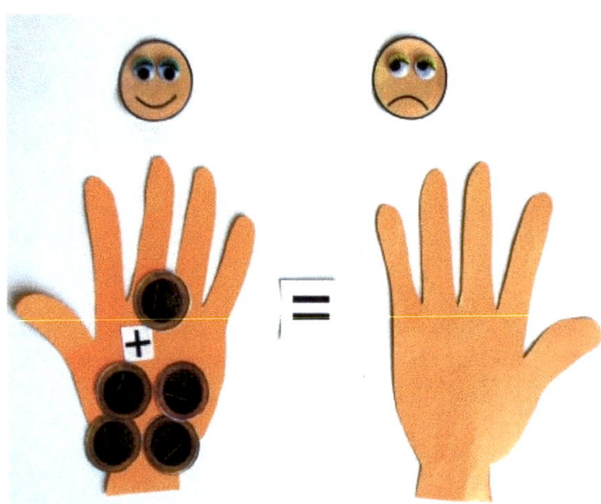

	+		=	

Gleich = tun und und + tun

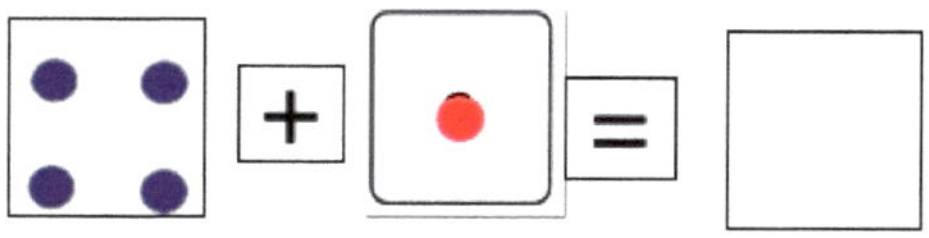

4 + 1 = 5

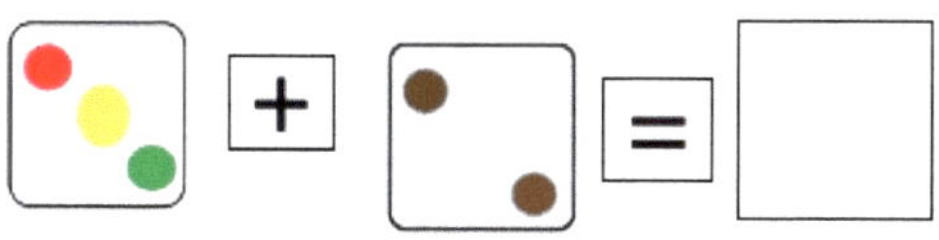

3 + 2 =

Gleich = tun und und + tun

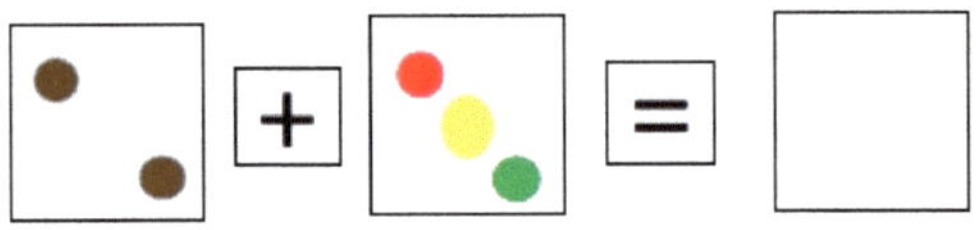

2 + 3 = ☐

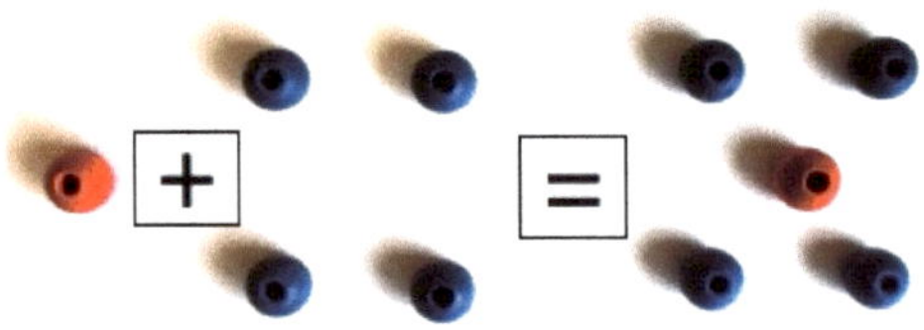

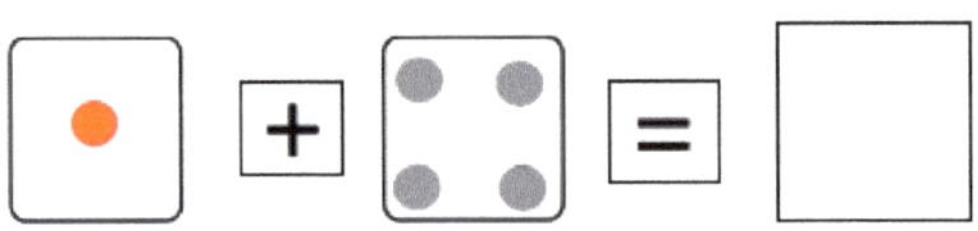

1 + 4 = ☐

Gleich = tun und und + tun

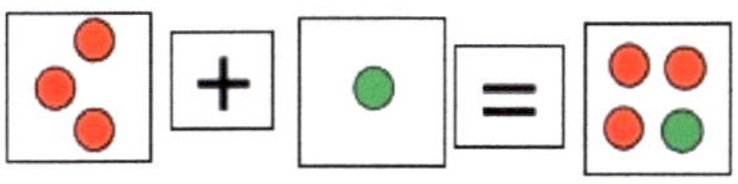

?

\+ =

?

\+ =

?

\+ =

?

\+ =

?

\+ =

Gleich = tun und und + tun

?

☐ + ☐ = ☐

?

☐ + ☐ = ☐

?

☐ + ☐ = ☐

?

☐ + ☐ = ☐

?

☐ + ☐ = ☐

?

☐ + ☐ = ☐

?

☐ + ☐ = ☐

?

☐ + ☐ = ☐

Kannst du nun alle verschiedenen Aufgaben lösen?

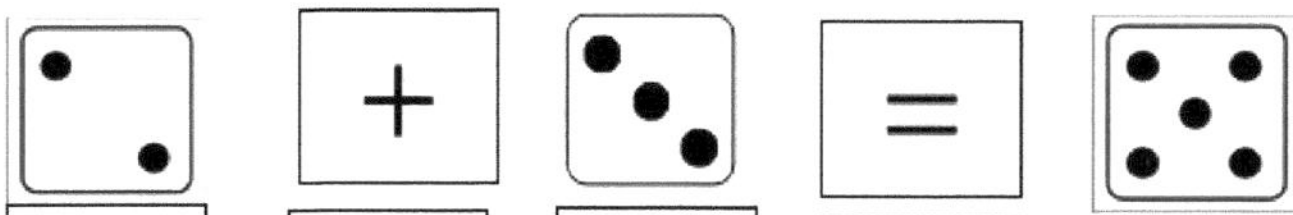

$2 + 3 = 5$

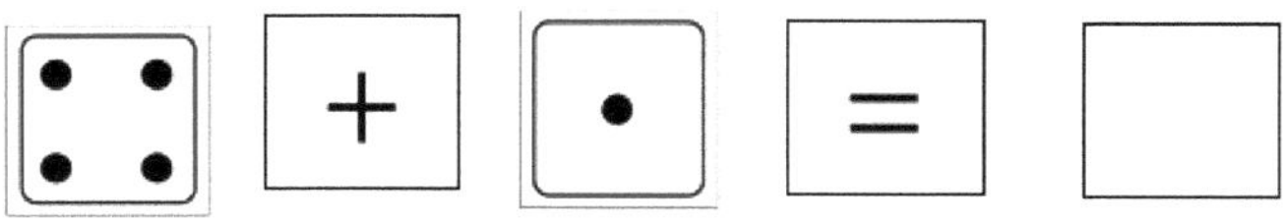

$4 + \square = 5$

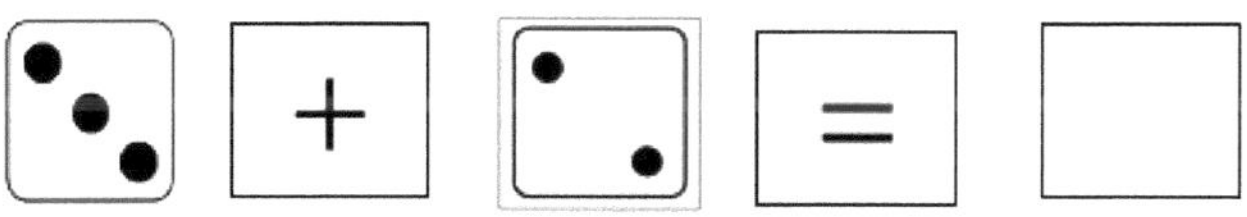

$3 + 2 = \square$

$1 + 4 = \square$

Kannst du nun alle verschiedenen Aufgaben lösen?

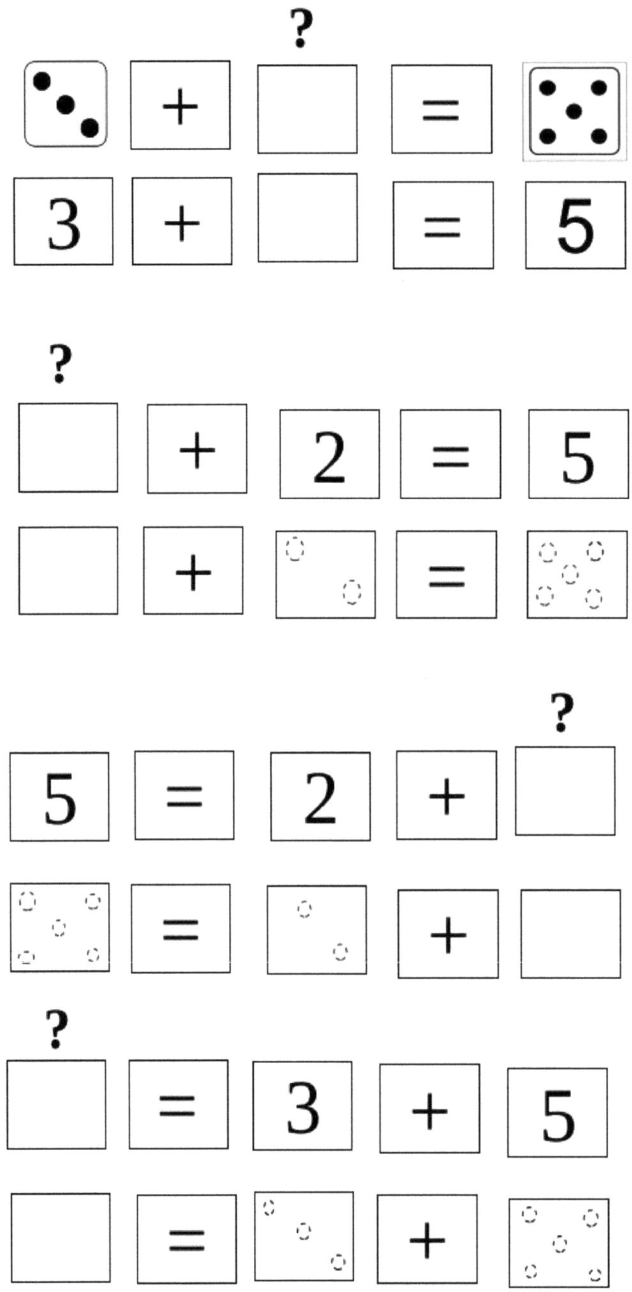

Einkauf

Bezahlen

Jon verkauft Obst, Gemüse und Eier.

Weißhörnchen und Rothörnchen kaufen Nüsse ein.

Sie bezahlen mit Tannenzapfen, die sie in ihren Säcken mitgebracht haben.

Telma verkauft Eis. Jon kauft 4 Kugeln.

Er bezahlt 4 Euro.

Mama, Jon, Papa, Marie und Max kaufen Eis. Eine Kugel kostet einen Euro. Alle bezahlen 2 Euro. Papa bezahlt 3 Euro.

Jon kauft 2 Autos.

Er bezahlt 2 Euro.

Jon bezahlt für 3 Autos 4 Euro.

Herr Schmidt kauft ein Auto für 3 Euro und zwei Autos das Stück 1 Euro.

Wie viel Euro muss er bezahlen?

Autohaus Munz	
1 Auto	3,- €
2 Autos	2,- €
3 Autos	5,- €

Piraten Rechnung

1 Kiste Gold	20,-€
1 Kiste Gold	10,-€
1 Kiste Gold	10,-€
4 Steine	4,-€
2 Steine	2,-€
	46 Euro

Die Entdeckung des Zehners

Mache aus zehn Einern einen Zehner.

Suche die zehn Einer und tausche sie gegen einen Zehner.

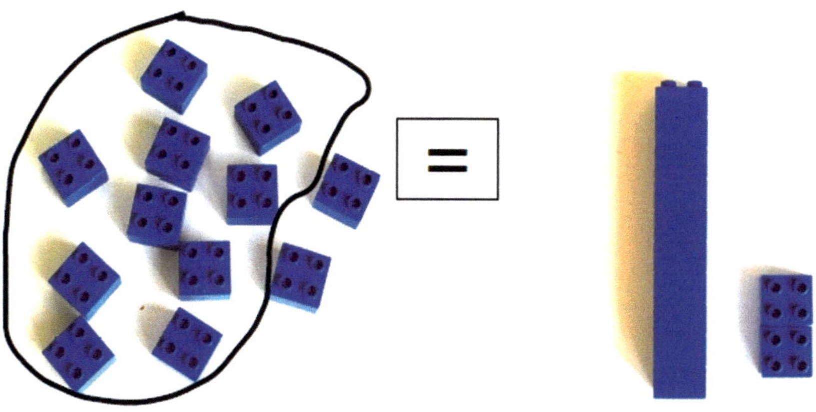

Lege zu den zehn Einern den einen Zehner.

=

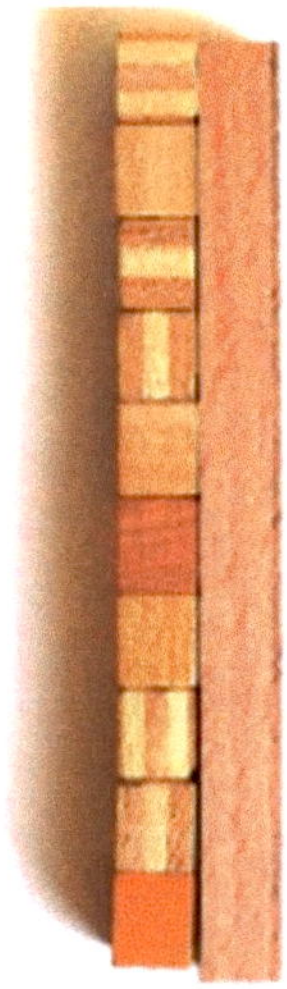

Suche die zehn Einer und tausche sie gegen den einen Zehner.

=

Mache aus zehn Einern einen Zehner.

Suche zehn Einer und mache ein Zehnerbündel.

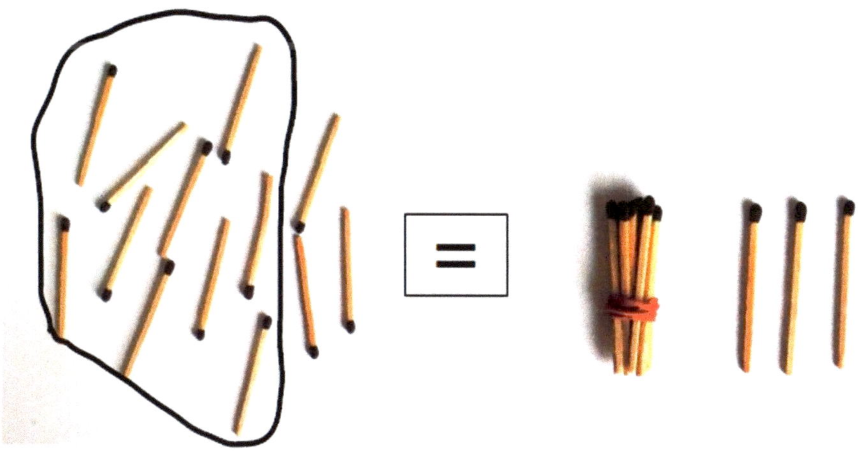

Zehn Einercent sind ein Zehnercent.

Suche zehn Einercent und tausche sie gegen einen Zehner.

Mengen zerlegen

Herr Weißhörnchen sagt: „Heute lernt ihr, die 5 zu zerlegen."

Paul überlegt, wie viele Steine Weißhörnchen weggenommen hat.

Zerlege die Menge 2

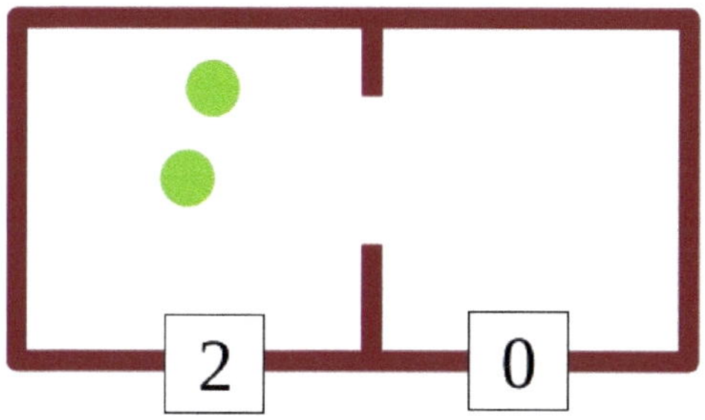

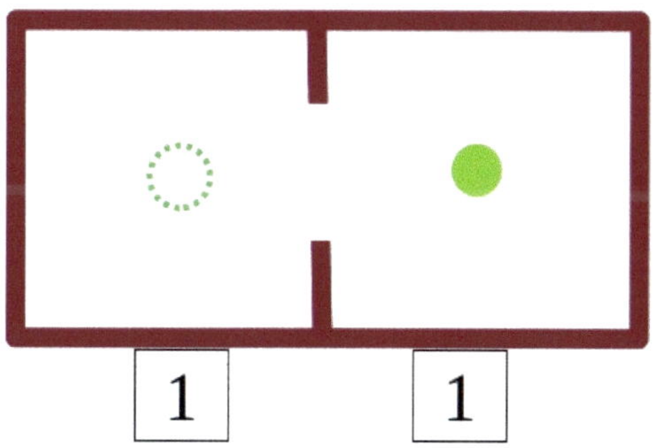

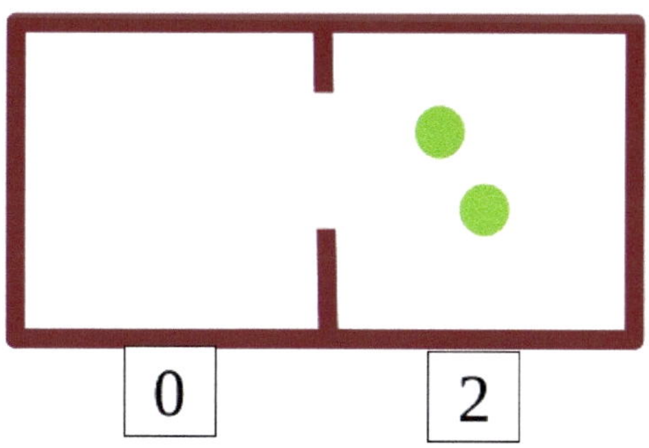

Zerlege die Menge 3

3 0

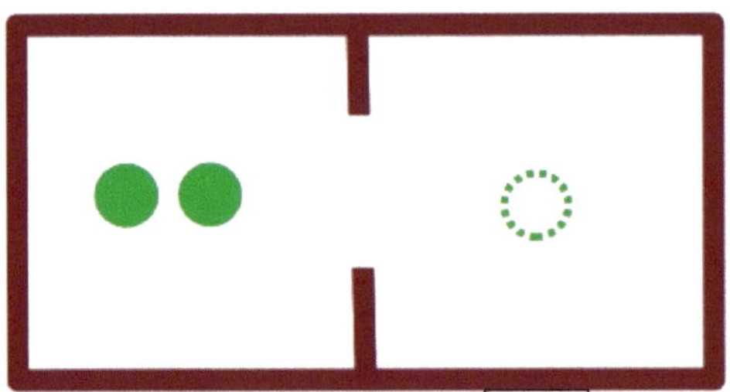

2 1

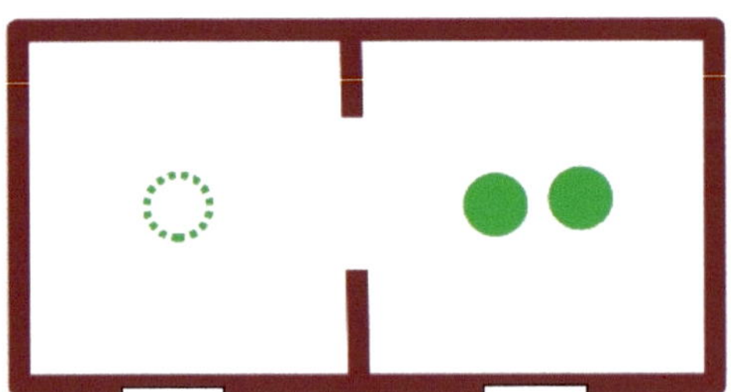

1 2

Zerlege die Menge 4

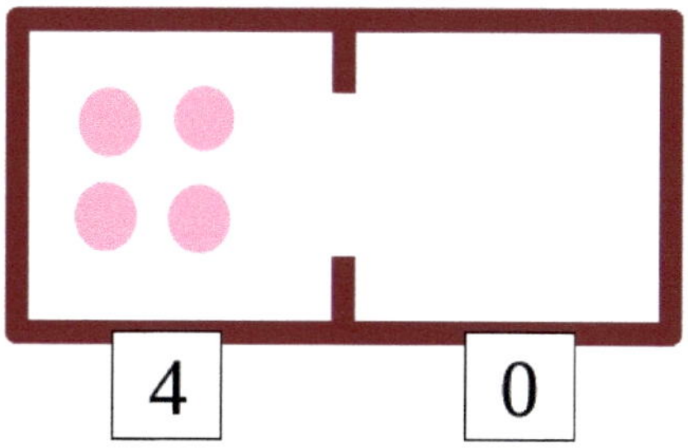

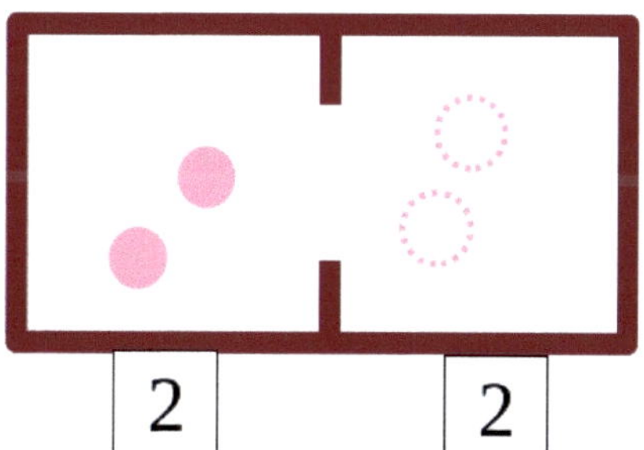

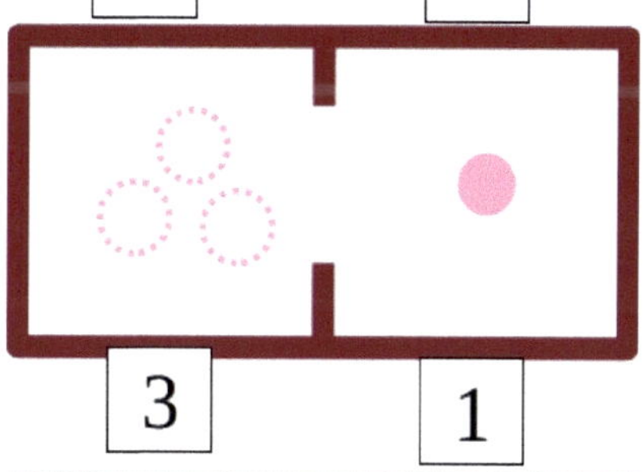

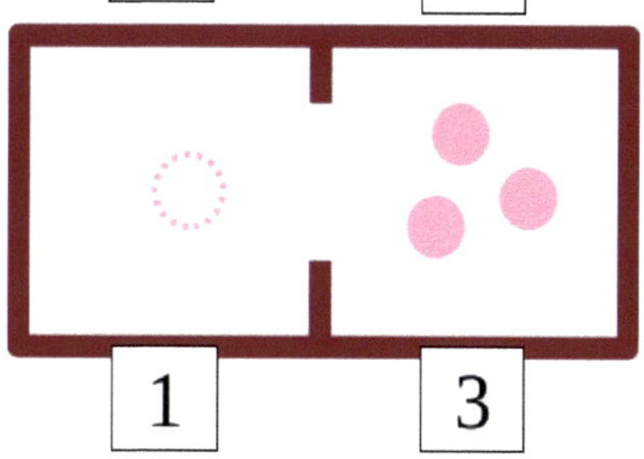

Zerlege die Menge 5

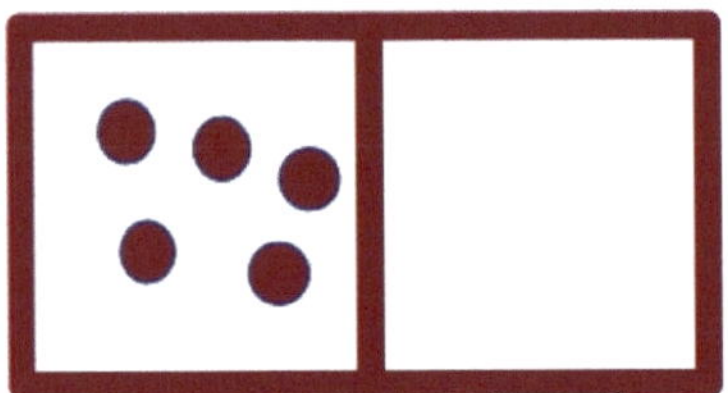

5 0

4 1

3 2

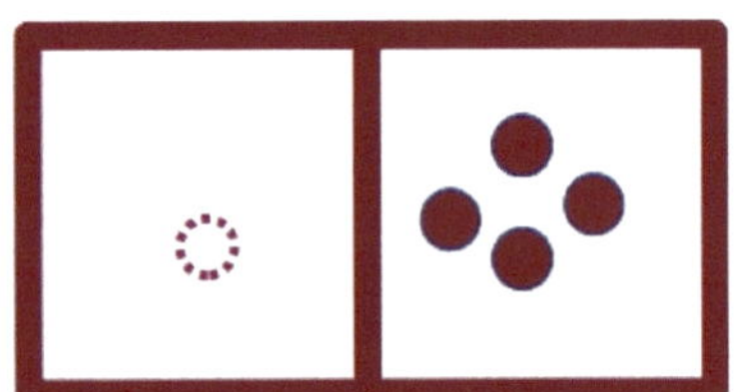

1 4

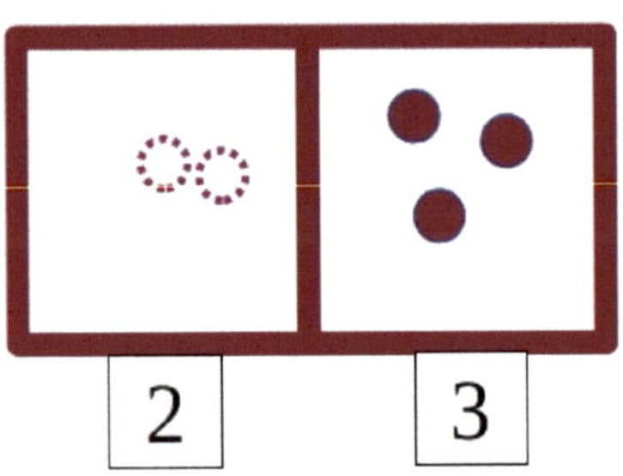

2 3

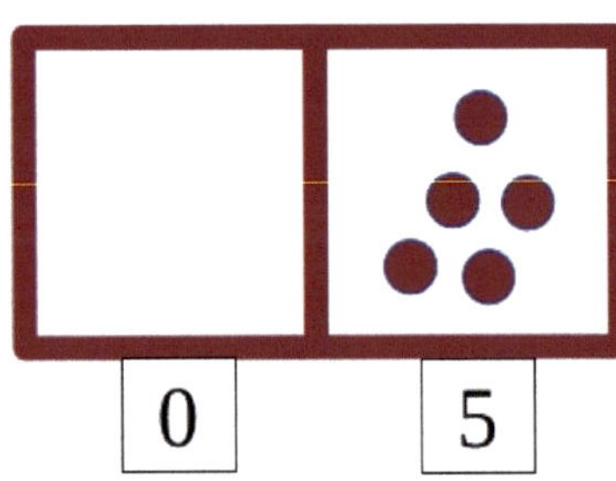

0 5

Zerlege die Menge 6

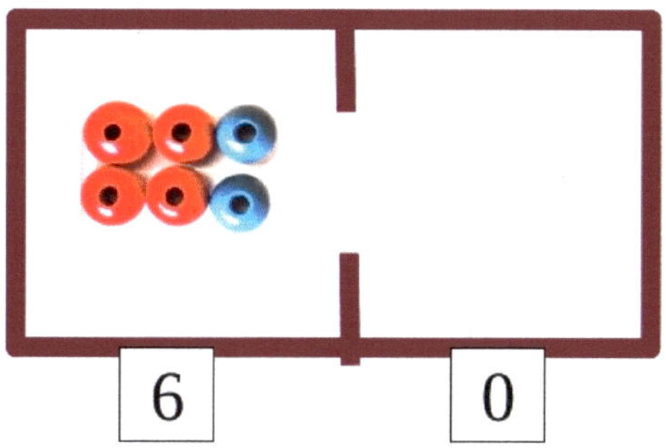

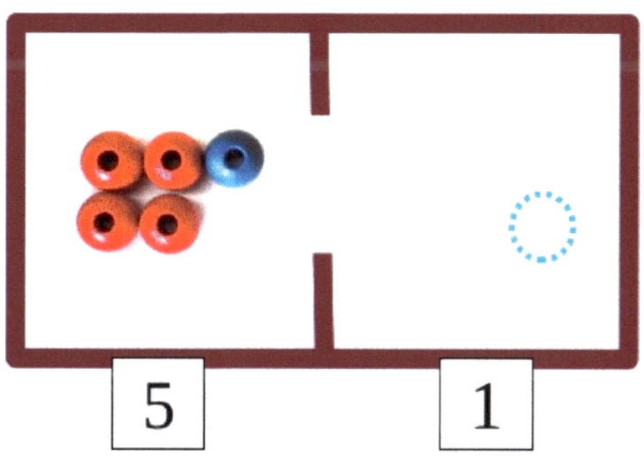

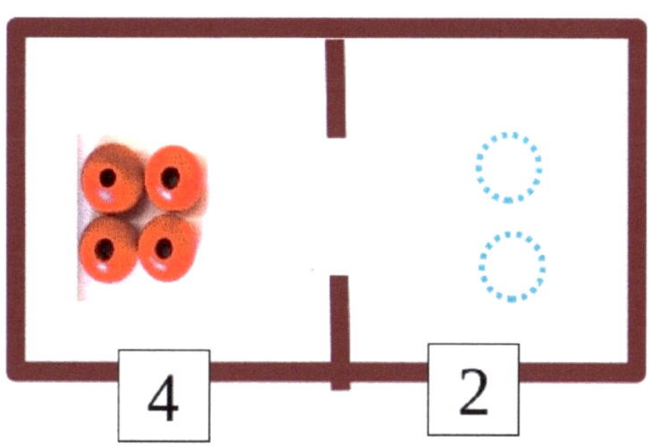

Zerlege die Menge 6

3 3

2 4

4 2

Aufbau des inklusiven Mathematikbuchs

Dieses Mathebuch ist mit den Kindern erarbeitet worden.

Wir sind von ihrer Art zu denken ausgegangen. Jede Aufgabe muss aus ihrer Erfahrung kommen und für sie sinnvoll sein.

In der Schule soll Peter die Aufgabe 3 + 5 = ? lösen.
Die Lehrerin sagt: „Zähle 3 und 5 zusammen."
Sie hilft ihm an den Fingern abzuzählen.
Er versteht nicht, was das soll.
Dann legt sie 3 Bonbons und 5 Bonbons hin.
Peter zählt nun 1, 2, 3 und 1, 2, 3, 4, 5.
Sie sagt: „Du musst weiter zählen." 4, 5, 6, 7, 8.
Er versteht nicht, was er tun soll.
Dann schüttet sie die acht Bonbons auf den Teller.
Nun zählt er „1, 2, 3, 4, 5, 6, 7, 8".
Er versteht nicht, was das mit 3 + 5 = 8 zu tun hat.

Das sind meine Erfahrungen mit den Kindern, die hoffnungslos in der Schule scheitern. Sie lernen einerweise abzuzählen ohne Sinn und Bedeutung, bis sie das Interesse am Matheunterricht endgültig verlieren.

Um die Aufgabe 3 + 5 = 8 zu verstehen, fehlen ihnen alle Voraussetzungen.

1. Sie kennen die Bedeutung der Handlungszeichen (>), (<), (=), (+), (-), (:), (•) nicht.

2. Sie haben keine inneren Vorstellungen von den Mengen.

Das Buch ist so aufgebaut, dass die Kinder den Weg der Geschichte des Zahlbegriffs wiederholen und in der Zone der nächsten Entwicklung lernen.

In der Jäger- und Sammlerinnengesellschaft bedeutete Mathe den Gebrauch von Handwerkszeug, Verteilen und Klassifizieren.

Dies entspricht der psychologischen Entwicklungsstufe Kleinkind von 1-3 Jahren.
Denn Kleinkinder eignen sich die Kulturgegenstände an.
Sie haben Freude am Sammeln, Verteilen und Ordnen.
Alle Tätigkeiten sind sinnvoll.

In der Tauschgesellschaft bedeutet Mathe den Gebrauch von Symbolen und Vergleichen.

Dies entspricht der psychologischen Entwicklungsstufe Vorschulkind von 3 - 7 Jahren.
Denn die Vorschulkinder symbolisieren ihre Erfahrungen im Rollenspiel.

Sie symbolisieren die Mengen „eins“ als Ball, „zwei“ als Brille, „drei“ als Ampel, „vier“ als Schmetterling und „fünf“ als Hand mit fünf Fingern.
Sie malen die Symbole immer wieder, bis sie auf diese Weise innere Vorstellungen von den entsprechenden Mengen entwickeln.

Nur so können sie lernen, das Wahrnehmungsfeld zu verlassen.

Sie haben Freude am Tauschen und Vergleichen.
Sie entdecken die Bedeutung der Handlungszeichen (<), (>), (=).

In der Geldgesellschaft bedeutet Mathe den Gebrauch von Zahlen.

Die Schulkinder entdecken die 1 als Ausgangsmenge.
Sie müssen nun den Ziffern 1,2,3,4,5,6,7,8,9,10 die verinnerlichten Symbole zuordnen.
Sie sind in der Lage, geistige Handlungspläne im Kopf zu vollziehen.
Dies entspricht der Entwicklungsstufe Schulkind von 7-12 Jahren.
Denn nun sind sie in der Lage, die jeweilige Stückzahl im Kopf als Symbol zu konstruieren und als Zahl zu denken.

Nur so lernen sie die vier Grundrechenarten.

Sie entdecken die Bedeutung der Zeichen

(+) als (und-tun), (-) als (weg-tun),
(:) als (geteilt-tun), (•) als (noch mal - tun) und
(=) als gleich-tun.

Nun fällt es Peter nicht mehr schwer, die Aufgabe 3 + 5 = 8 zu verstehen.

Er stellt sich die symbolisierte Menge 3 als Würfelaugen vor.

Dann setzt er das + in die innere Handlung und-tun um.

Dann stellt er sich die symbolisierte Menge 5 als Würfelaugen vor.

Er schließt die Augen und zählt im Kopf.

Die Handlung ergibt 8 Würfelaugen.

Nun schaut er auf das Zeichen = .

Das bedeutet, dass auf der rechten Seite der Gleichung die gleiche Menge ist.

Er schreibt:

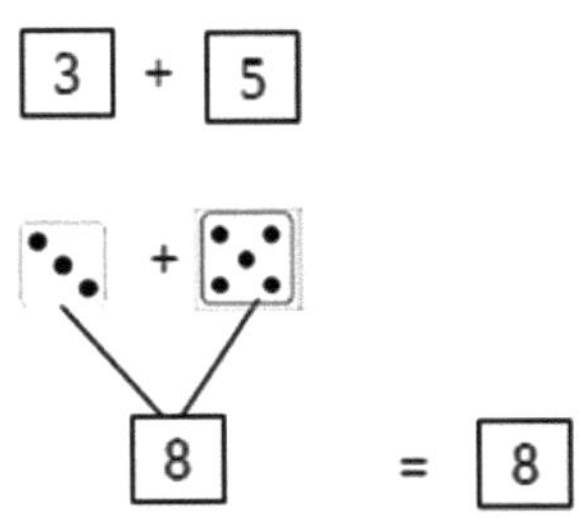

Für die Herausbildung des mathematischen Denkens ist es notwendig, dass sich die Lehrerinnen und Lehrer mit der Geschichte der Zahl und den psychologischen Entwicklungsstufen vertraut machen.

Mathe ist eine Entdeckungsreise.
Mathe macht Lehrer und Kinder glücklich.

Praxis-Team	 PD Dr. med Hans Kowerk
 Dr. Christel Manske	 Claudia Lübbke
 Telma Sena	 Lyn Petersen

Literatur zum Zahlbegriff:

Andrew Robinson: „Die Geschichte der Schrift“ Albatros Verlag Düsseldorf 2004

Georges Ifrah: „Universalgeschichte der Zahlen“ Campus Verlag Frankfurt 1993

Richard Mankiewicz: „Zeitreise Mathematik“ Verlagsgesellschaft Köln 2000

Denise Schmandt-Besserat: „The history of counting“ Morrow Junior Books New York 1999

Denise Schmandt-Besserat: „How writing came about“ University of Texas Press 2010

Christel Manske: „Jenseits von Pisa - Lernen als Entdeckungsreise“ Verlag Lehmanns Media Berlin 2008

Christel Manske: „Mathe macht glücklich“ DVD Filmsortiment Gollhardt Hamburg 2006

Literatur zur Entwicklungspsychologie:

L.S. Vygotskij: „Ausgewählte Schriften Band 2“ Verlag Lehmanns Media 2003

Christel Manske: „Inklusives Lesenlernen. Für Kinder ab drei Jahren mit Downsyndrom, für Leseratten und Legastheniker“ Verlag Lehmanns Media Berlin 2012

Christel Manske bei Lehmanns Media

Inklusiver Lese- und Schreibunterricht

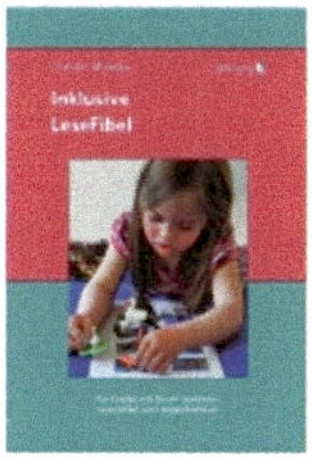

Inklusiver Sachkundeunterricht

bei Lehmanns Media

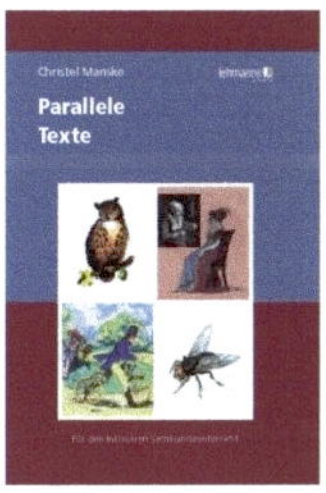

Christel Manske bei Lehmanns Media

Rechnen lernen

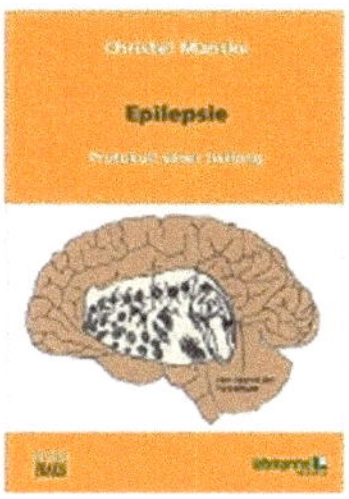